Meine wilden Kräuterfreunde aus dem Wald

ANJA FISCHER

Meine wilden Kräuterfreunde aus dem Wald

ENTDECKEN UND KENNENLERNEN

Mit Illustrationen von Christina Wasenegger

Liebe/r ______________________________ !

Schön, dass du diese Zeilen gerade liest oder vorgelesen bekommst. „Meine wilden Kräuterfreunde aus dem Wald“ ist bereits mein zweites Kräuterbuch. Es ist, wie auch sein Vorgänger „Meine wilden Kräuterfreunde – Heimische Wiesenkräuter entdecken und kennenlernen“, ein Mitmachbuch für die ganze Familie. Ich möchte dich einladen, es in die Hand zu nehmen und mit mir rauszugehen. Diesmal geht es vorbei an Wiesen und Feldern in den Wald. Wir schauen uns ganz genau an, was hier wächst und gedeiht. Der Wald ist ein besonderer Ort, ein Spielplatz der Natur und tut uns einfach gut.

Beeren, Bäume, Sträucher und Wildkräuter sind dort zu Hause. Mit diesem besonderen Buch für kleine und große Kräuterfreund:innen lade ich dich ein, einige davon genauer kennenzulernen und Freundschaft zu schließen. Du wirst sehen, all diese Pflanzen sind nicht nur hübsch anzusehen, du kannst sogar richtig viel damit machen – ob in der Küche, unterstützend für die Gesundheit oder für kreative Momente. Ein paar meiner Lieblingsrezepte und Bastelgeschichten habe ich dir mitgebracht.

In unseren heimischen Pflanzen liegt unglaublich viel Kraft – das wussten unsere Vorfahren schon ganz genau. Dieses alte überlieferte Wissen gerät zunehmend in Vergessenheit. Komm mit und lass uns diesen Schatz gemeinsam (wieder-)entdecken. Ich bin mir sicher, dass du die ein oder andere Pflanze schon kennst, andere wiederum sind für dich vielleicht ganz neu und können dein Leben von nun an begleiten.

Ich liebe es, heimische Kräuter in unseren Familienalltag zu integrieren. Darum nasche ich auch gern Gänseblümchen direkt auf der Wiese, mache mir Naschereien aus Maiwipferl oder natürliche Pflegeprodukte wie Badepralinen und Co aus Rosen sowie Holunder. Die Natur ist vielseitig und voller guter Inhaltsstoffe für dich und mich. Es lohnt sich, mehr darüber zu erfahren!

In diesem ganz besonderen Freundebuch stellen sich dir zwölf Pflanzen aus dem Wald vor. Ich lade dich ein, sie ganz bewusst durch das Jahr zu begleiten, sie genau zu beobachten und gut kennenzulernen – zu jeder Jahreszeit, in all ihren Lebensphasen und Facetten.

Viel Spaß beim Entdecken, Kennenlernen und Kräuterwerkeln.

Anja Fischer

Deine Anja
Diplomierte Kräuterfee

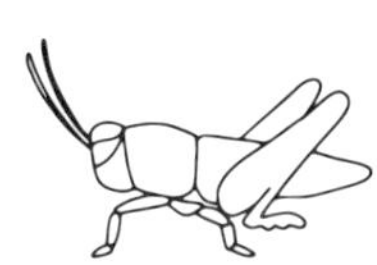

Was dich in diesem Buch erwartet

So funktioniert dein Mitmachbuch 8

Was du übers Sammeln, Trocknen, Lagern und Verarbeiten wissen solltest 8

Naturspielplatz Wald 13

Waldbaden 14

Waldregeln 15

Zwölf wirklich coole Dinge, die du im Wald tun kannst 16

Das bin ich 20

Brombeere 22
- Red-Velvet-Marmelade 26
- Beeren-Buttermilch-Eisshake 27

Wald-Engelwurz 28
- Insekten-Apartment 32
- Schnupfnasenbalsam 33

Fichte 34
- Geschüttelte Fichtenbutter 38
- Schokoladiger Fichtensnack 39

Haselnuss 40
- Waldräucherkegel 44
- Naturaltar 47

Lärche 48
- Omas Pechsalbe 52
- Schüttellotion „Franzbranntwein" 53

Linde ... 54
Schutzengerl-Spray ... 58
Badetee ... 59

Lungenkraut ... 60
Wander-Hustenhonig ... 64
Blüten hämmern ... 65

Schwarzer Holunder ... 66
Holunderblütensirup ... 70
Lippenbalsam ... 71

Veilchen ... 72
Kaiserliches Veilcheneis ... 76
Zarte Badepralinen ... 77

Walderdbeere ... 78
Essbare Gesichtsmaske ... 82
Beerenoxymel ... 83

Waldmeister ... 84
Traumpolster ... 88
Walddudler ... 89

Wildrose ... 90
Saure Rinse ... 94
Hagebuttentee ... 95

Schatzsuche ... 96

Begegnungen am Waldesrand ... 98

Bring Farbe ins Leben deiner Waldfreunde! ... 102

Verbinde, was zusammengehört! ... 106

Was ist was? ... 108

Danksagung ... 110

Über die Autorin ... 111

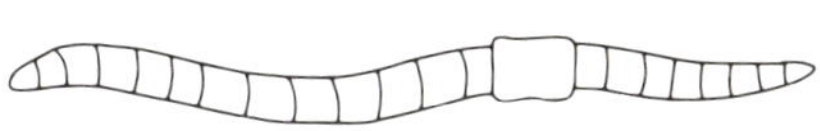

So funktioniert dein Mitmachbuch

Von jedem neuen Kräuterfreund findest du einen Steckbrief sowie Rezept- und Bastelideen, die dir helfen, ihn näher kennenzulernen. Zusätzlich gibt es Seiten, auf denen du Platz für ein Bild von deinem Kräuterfreund findest. Ob gepresst, als Foto oder gezeichnet – das bleibt dir überlassen. Am Ende des Buches erwarten dich dann noch weitere lustige Mitmachideen rund um deine Kräuterfreunde.

Viele der Kräuterrezepte sind natürlich auch kombinierbar und gegenseitig austauschbar, sei mutig und probier es aus!

Wichtig: Einige Rezepte und Anleitungen in diesem Buch beinhalten die Verwendung von spitzen und scharfen Gegenständen sowie das Arbeiten am Herd oder mit Feuer. Für deine Sicherheit erfordern sie somit die Aufsicht eines Erwachsenen! Bitte Mama, Papa, Opa und Co um Hilfe.

ACHTUNG: heiß!

Was du übers Sammeln wissen solltest

Ein wertschätzender Umgang mit der Natur ist ungemein wichtig, darum verrate ich dir ein paar Regeln, die du beim Sammeln und Ernten beherzigen solltest.

Sei dir sicher!

Wir haben für dieses Buch bewusst Kräuter ausgewählt, die einfach zu erkennen sind und bei denen die Verwechslungsgefahr sehr gering ist. Generell gilt aber: Sammle nur Pflanzen, die du kennst und bei denen du dir ganz sicher bist, dass diese nicht giftig sind. Manchmal gibt es nämlich auch giftige Doppelgänger, bei denen es wichtig ist, auf einzelne Merkmale zu achten.

Wichtig: Sammle Pflanzen immer gemeinsam mit deinen Eltern, um Verwechslungen zu vermeiden.

Schütze die Natur!

Manche Pflanzen stehen unter Naturschutz und dürfen nicht gesammelt werden. Bitte erkundige dich, ob es in deiner Region Pflanzen gibt, die gefährdet sind.

Sei genau!

Sammle nur an sauberen Stellen. Das bedeutet, nicht direkt an Straßenrändern, an beliebten Hundewegen, überdüngten oder gespritzten Feldern. In Naturschutzgebieten darf auch nicht gesammelt werden.

Sei achtsam!

Nimm immer nur so viel, wie du selbst brauchst, und lass genug Pflanzen für Bienen, Insekten oder andere begeisterte Kräuterfans stehen. Sie werden sich freuen! Pflücke nur die Pflanzenteile, die du benötigst, und achte darauf, dass du keine verschmutzten oder kranken Kräuter mitnimmst.

Achte auf das Wetter!

Sammle nur bei trockenem Wetter, am besten an einem sonnigen Tag. Der Regen spült auch die Energie der Pflanzen weg. Ideale Erntezeit ist mittags, da haben die Kräuter bereits Sonnenenergie getankt und sind vollgeladen!

Überlege genau!

Überlege dir vor dem Sammeln immer genau, wozu du deine Kräuterschätze brauchst. Für den sofortigen kulinarischen Genuss, für die Volksheilkunde oder zum Basteln. Wenn du deine Kräuter frisch verspeisen möchtest, empfehle ich dir, kurz davor zu ernten.

Sei gut vorbereitet!

Bereite dich gut vor, wenn du auf Kräutersuche gehst. Nimm dir passendes Werkzeug mit: Du brauchst eine Schere und ein luftiges Transportmittel für deine Schätze. Am besten eignen sich ein Korb sowie Papier- oder Stoffbeutel. Nimm einen Erwachsenen und dein Mitmachbuch mit.

Sei dankbar für deine Schätze!

Bedanke dich für die Gaben der Natur und deine Ernte.

Was du übers Trocknen wissen solltest

Sind alle Kräuterschätze eingesammelt, geht es ans Verarbeiten. Es gibt unendlich viele Möglichkeiten zur Verwendung oder Aufbewahrung deiner wilden Freunde. Du kannst sie sofort essen, konservieren oder weiterverarbeiten. Auch hier gibt es Tipps und Tricks, die ich dir gern verraten möchte.

Schon mal vorweg: Kräuter können entweder frisch oder getrocknet verwendet werden. In jedem Fall ist es wichtig, sauber zu arbeiten.

Für eine schonende Trocknung eignet sich ein schattiges, staubfreies und gut durchlüftetes Platzerl besonders gut. Kräuter sollen nämlich nie in der direkten Sonne getrocknet werden, wo die Gefahr besteht, dass sie verbrennen, und vor allem auch, dass sie ihre Wirkstoffe verlieren. Je weniger Licht zu den Kräutern kommt, umso länger können sie ihre Wirkstoffe behalten. Fürs Trocknen gibt es verschiedene Möglichkeiten. Du kannst die Kräuter in Büscheln aufhängen, aber auch liegend trocknen. Brennnesseln und andere große Kräuter kannst du gut auf einem Wäscheständer, der vorab mit einem großen Leintuch bedeckt wird, trocknen.

Was du übers Lagern wissen solltest

Äußere Einflüsse wie Licht, Wärme und Feuchtigkeit können die Qualität der Kräuter negativ beeinflussen. Daher ist es auch bei der Lagerung sehr wichtig, dass die getrockneten Pflanzen möglichst lichtgeschützt, kühl und trocken aufbewahrt werden. Natürliche Materialien aus Papier, Karton, Stoff oder Glas eignen sich gut dazu, Plastik und Kunststoffe solltest du vermeiden. Du kannst deine gesammelten und getrockneten Kräuter zum Beispiel in alten Schuhkartons oder Butterbrotsackerln aufbewahren. Denke daran, diese immer gut mit Inhalt und Datum zu beschriften. Wenn du deine Kräuterschätze in Gläsern aufbewahren möchtest, ist es wichtig, dass du entweder dunkles Glas verwendest oder diese an dunklen und trockenen Orten aufbewahrst, beispielsweise in einem Vorratsschrank.

Tipp: Zur Aufbewahrung eignen sich außerdem Stoffbeutel, zum Beispiel Einkaufsbeutel oder alte Kopfpolsterüberzüge. Bitte denke daran, die Beutel gut zu beschriften.

Die Haltbarkeit von getrockneten Kräutern beträgt in etwa ein Jahr, da sich viele der Inhaltsstoffe von selbst abbauen. Daher sollten Kräuter nach einjähriger Lagerung eher mehr als Bade- oder Genusskräuter und weniger als Heilkräuter verwendet werden.

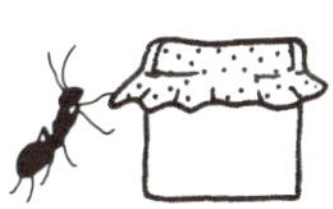

Was du übers Verarbeiten wissen solltest

In diesem Buch findest du viele Ideen zur Verarbeitung von deinen neuen wilden Kräuterfreunden. Ob als Ölansatz, Sirup, Salbe, kulinarische Gaumenfreude oder Bastelei – der Kreativität sind keine Grenzen gesetzt. Gern möchte ich dir dazu ein paar nützliche Tipps mitgeben.

Die Anleitungen und Rezepte im Buch sollen dich inspirieren und einladen, Neues auszuprobieren. Viele Ideen sind überlieferte und teilweise von mir weiterentwickelte Rezepte, die ich gern mit dir teilen möchte.

Wichtig bei der Verarbeitung von Kräutern ist ein sauberes Umfeld. Wasche dir bitte deine Hände mit Wasser und Seife, bevor du startest. Stell sicher, dass der Arbeitsplatz und deine Arbeitsutensilien sauber sind. Gläser und Flaschen kannst du auskochen oder mit Alkohol desinfizieren.
Zum Desinfizieren eignet sich auch 80%iger Alkohol. Diesen kannst du gemeinsam mit einem Erwachsenen in Sprayflaschen füllen, dann ist er in der Anwendung sehr praktisch.

Gläser und Flaschen kannst du auch im Backrohr sterilisieren. Dazu einfach das Backrohr auf 150 Grad Celsius vorheizen und Glas (keinesfalls Metall oder Plastik!) für 20 Minuten hineingeben.

ACHTUNG: heiß! Lass die Gläser und Flaschen gut abkühlen, bevor du sie weiterverwendest.

Deine Kräuterschätze solltest du immer gut beschriften, damit du auch später noch alle findest und die richtigen bei der Hand hast. Egal ob bei der Kräuterlagerung oder bei fertigen Produkten: Kennzeichne deine Gläser, Schachteln, Dosen oder Sackerl mit Inhalt und Datum.
Im Buch findest du Etiketten beigelegt, die du dafür verwenden kannst.

Tipp: Wenn du keine Etiketten für Gläser hast, versuch den Milch-Trick. Einfach Papieretiketten nach Wunsch ausschneiden, beschriften, mit Milch betupfen und aufs Glas drücken.

Naturspielplatz Wald

Mit diesem Buch entführe ich dich und deine Familie in den Wald.
Du wirst staunen, wie gut dir dieser Besuch tut. Der Wald ist ein unglaubliches Geschenk von Mutter Natur und hat richtig viel zu bieten. Einerseits ist er ein wichtiger Lebensraum für viele Tiere und Pflanzen, einige davon wirst du mithilfe dieses Buches (besser) kennenlernen.
Auch Pilze, Moose und Flechten sind im Wald zu Hause. Sie alle leben in einer Art Wohngemeinschaft zusammen und brauchen einander, etwa als Nahrung oder Behausung.

Für dich und mich ist der Wald zudem ein Ort für Ruhe und Erholung, aber auch Spaß und Abenteuer finden hier Platz. Auch zum Naschen gibt's einiges zu finden. Ob Sauerklee, Beeren oder Blüten, große und kleine kundige Kräuterfreund:innen finden viele köstliche Leckereien im Wald. Lass den Wald dein Lehrer sein, hör gut hin, beobachte, spüre, schmecke und lerne ihn mit allen Sinnen kennen.

Unser Wald ist auch die grüne Lunge und hat einen wichtigen und vor allen Dingen positiven Einfluss auf unser Klima. Er gilt als Klimaregulator und hilft, Kohlendioxid abzubauen und so ein Gleichgewicht zu bewahren. Bäume produzieren Sauerstoff, den wir zum Atmen brauchen, und sind somit Luftfilter für uns. Ein Besuch im Wald fördert die Gesundheit und schärft zudem unsere Sinne. Die saubere und frische Luft wird deinen Lungen wohltun: Atme tief ein, du wirst es sofort spüren.

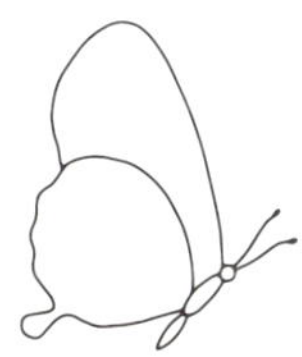

Waldbaden

Hast du schon mal vom Waldbaden gehört? Es ist in aller Munde und sehr, sehr beliebt. Du fragst dich jetzt bestimmt, was das sein soll und ob du eine Badehose brauchst. Nein, und auch keinen Bach oder See! Vielmehr geht es darum, bewusst den Wald aufzusuchen, um die Ruhe und seinen Duft zu genießen. Probiere es mal! Atme tief ein und aus. Kannst du es riechen? Das sind die sogenannten Terpene, eine Mischung aus ätherischen Ölen und Harz, die sich in den Nadelbäumen befinden. Diese besonderen Inhaltsstoffe haben es ganz schön in sich. Sie sind dafür verantwortlich, dass der Wald so nach „Wald" duftet, aber sie haben auch noch viele andere Talente, beispielsweise beruhigende Eigenschaften.

Waldbaden tut unserem Körper und Geist gut. Es beruhigt uns, wenn wir aufgeregt oder besorgt sind, und hat auch eine positive Wirkung auf unser Immunsystem. Das wiederum hilft uns, gesund zu bleiben. Ein gesundes Immunsystem stärkt uns vor allem im Winter gegen verschiedene Viren und Krankheiten. Natürlich tritt diese Wunderwirkung nicht ein, wenn man nur einmal alle paar Jahre in den Wald geht. Solche Besuche sollten wir alle regelmäßig machen. Mit diesem Buch hast du also schon die besten Voraussetzungen geschaffen, immer wieder in den Wald zu kommen und dir Gutes zu tun. Stell dir vor, das Waldbaden ist so gesund, dass es im fernen Japan sogar vom Arzt gegen Stress verschrieben wird. Das hat die Wissenschaft dort schon vor über 100 Jahren herausgefunden.

Im Wald kannst du aber noch viele andere coole Dinge tun und erleben,
zwölf davon habe ich dir mitgebracht.

Waldregeln

1) Bitte nimm deinen Abfall wieder mit nach Hause und lass nichts liegen.
2) Bleibe auf vorgesehenen Wegen und festen Pfaden.
3) Sei leise, damit Waldtiere sich nicht gestört fühlen.
4) Sammle nur, was du selbst benötigst und kennst.
5) Nimm Rücksicht auf andere Waldbesucher.
6) Verhalte dich achtsam – sei respektvoll zu den Bäumen, Pflanzen und Tieren.
7) Beachte Hinweisschilder.
8) Mach kein offenes Feuer.

Zwölf wirklich coole Dinge, die du im Wald tun kannst

Im Wald können wir viele lustige Abenteuer und Spiele erleben und kreativ sein. Bevor es aber losgeht, ist es wichtig, einige wichtige Regeln über richtiges Verhalten im Wald zu kennen und zu befolgen. Wir wollen diesen wundervollen magischen Ort schließlich mit Respekt betreten.
Nun kann es aber losgehen! Auf den nächsten Seiten habe ich für dich unsere Lieblingsaktivitäten zusammengeschrieben: Spiele und Inspirationen für deinen nächsten Waldbesuch.

1) Der Waldboden ist Lava

Kennst du die Fernsehsendung „Der Boden ist Lava" und magst sie auch so gerne wie meine beiden Kinder? „Der Boden ist Lava" kann man wirklich überall spielen und macht richtig viel Spaß. Ihr benötigt dazu auch keinerlei extra Materialien. Ihr legt vorab einfach gemeinsam fest, was nun genau Lava ist und in welchem Bereich gespielt wird. Legt zum Bespiel ein bestimmtes Waldstück oder einen Wegabschnitt fest. **Auf geht's:** Der Waldboden ist Lava! Begebt euch durch den Wald, ohne ihn zu berühren, stattdessen balanciert über Holzstämme und Steine, bis ihr zum Ziel gelangt. Viel Spaß bei diesem abenteuerlichen Waldparcours.

2) Barfußweg

Eigentlich ist es ganz einfach, Schuhe ausziehen und losgehen. Der Waldboden hat derart viele unterschiedliche Bodenbeschaffenheiten, wie Moos, Nadeln, Erde, Gras oder Steine. Gehe bewusst barfuß durch den Wald, balanciere auf umgefallenen Bäumen, gehe barfuß durch ein Bächlein. Das tut deinen Füßen und dem Geist gut. Natürlich kannst du dir auch einen Barfußweg bauen. Sammle dazu verschiedene Materialien, wie Holz, Zapfen, große und kleine Steine, Moos und was du sonst noch findest, und bilde deinen eigenen Barfußweg. Lege dazu die verschiedenen Materialien in Quadraten nacheinander auf, sodass sie einen Pfad bilden. Dann heißt es, Schuhe aus und los.

Idee: Baue deinen Weg bis zu einer Wasserstelle, dann hast du einen kühlenden und erfrischenden Abschluss.

3) Bienentränke

Im Frühling, wenn die Bienen aufwachen, haben sie vor allem Durst, daher findest du sie auch immer wieder an feuchten Stellen im Garten. Sie sind auf der Suche. Hilf ihnen und bau doch eine kleine Bienentränke. Dazu benötigst du nur Schätze aus dem Wald und einen Unterteller, wie man ihn unter Blumentöpfe stellt. Nimm dir dafür einen Stoffbeutel oder ein Körbchen mit und sammle Material bei deinem nächsten Waldbesuch. Vor allem Moos ist wichtig, da es Flüssigkeit gut speichert, aber auch kleine Stecken und Steine, die als Inseln dienen, damit die Bienen nicht ertrinken, sind nützlich, außerdem Schneckenhäuser, Zapfen oder andere Naturschätze. Arrangiere alles auf dem Unterteller, füge Wasser hinzu und stelle sie an einen geeigneten Platz. Du wirst sehen, der nächste Bienenbesuch ist garantiert. Vergiss bitte nicht, darauf zu achten, dass sich immer genug Wasser in der Tränke befindet.

4) Wald-Bauernhof bauen

Ein Familienklassiker bei uns! Meine Kinder lieben es heute noch, aus Waldmaterial ihren eigenen Wald-Bauernhof zu bauen. Da wird aus einem Zapfen ein Schweinchen, aus Ästen der Zaun. Mit Rinden bauen wir Dächer für die Stallungen, Moose und Farne werden für die Weiden arrangiert. Sucht euch einen passenden Platz, unter einem Baum, an den Wurzeln zum Beispiel. Sammelt gemeinsam Waldschätze und baut eure eigene kleine Welt. Lasst eure Fantasie spielen und erschafft euren eigenen kleinen Wald-Bauernhof. Wenn er dann fertig ist, kann man hier auch noch eine gute Zeit verbringen und damit spielen.

5) Blütentattoos

Dekoriere deine Haut mit bunten Kräuterblüten aus dem Wald und denk dir lustige Muster aus.

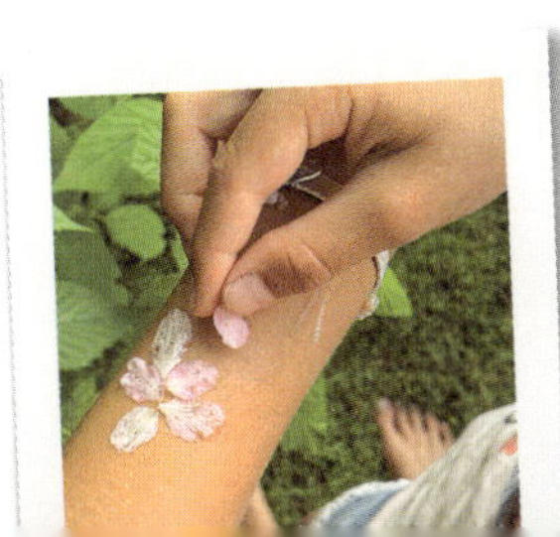

Dazu benötigst du entweder Sonnencreme, Kokosöl oder Ähnliches. Streiche etwas Öl auf die Stelle, die du mit Blüten „bekleben" möchtest, und mach mit den Blüten ein hübsches Muster drauf, so wie es dir gefällt. Da gibt es kein „richtig" oder „falsch", es ist dein Kunstwerk.

6) Tipi bauen

Sammle Bruchholz und bau dir ein eigenes Holztipi. Dazu stellst du die Äste in Form eines Zelts auf. Du brauchst nicht mal ein Seil, wenn du darauf achtest, dass die oberen Enden gut verkeilt sind. Sobald das Grundgerüst steht, kannst du mit Reisig und Zweigen dein Tipi abdecken. Meine Kinder lieben es, ihre kleinen Waldtipis zu bauen, und kontrollieren beim nächsten Besuch auch gleich, ob es noch steht oder jemand angebaut hat. Bitte verwende nur natürliche Materialien und hinterlasse keinen Müll!

7) Tic-Tac-Toe

Das beliebte Spiel mit den X und den O kannst du prima am Waldboden spielen. Dazu benötigst du vier lange Zweige, um dein quadratisches Spielfeld mit 9 Feldern zu bauen. Dann brauchst du noch je fünf Steine und Zapfen als Spielsteine und schon geht es los: Wer zuerst drei in einer Reihe hat, gewinnt. Die Reihen können waagrecht, senkrecht oder diagonal gebildet werden.

8) Waldherz legen

Egal in welcher Jahreszeit, ein gemeinsames Waldherz zu legen ist nicht nur eine entspannende, sondern auch kreative Beschäftigung und eignet sich perfekt für eine Pause. Sucht euch einen guten Platz, dann macht euch auf den Weg durch den Wald und sammelt Legematerial. Mit Zapfen, Blättern Früchten, Steinen und Holz könnt ihr ein schönes Herz legen. Mit diesem Kunstwerk seid ihr nicht nur kreativ, ihr hinterlasst auch eine liebe Botschaft für die Besucher:innen nach euch. Als Legebild eignen sich natürlich auch andere Formen, wie beispielsweise Mandalas. Eurer Kreativität sind keine Grenzen gesetzt.

9) Laubtanz

Bei uns ein Fixpunkt für den Herbst, wenn die Bäume ihre Blätter fallen lassen. Mach dir einen Haufen aus buntem Laub, achte beim Zusammensammeln darauf, dass du keine ungewollten Tierchen oder Abfälle wie Tierkot aufklaubst. Nun stell dich mitten hinein und wirf das Laub in die Luft und schwinge die Hüften. Lass dich so richtig feiern mit deinem persönlichen Wald-Konfetti.

10) Steinmännchen bauen

Wenn du in einem Wald mit Bach bist, findest du bestimmt auch viele Steine. Hier kannst du ein paar Steinmännchen bauen. Ursprünglich galten die Türmchen aus Stein übrigens als Schutzsymbol und sollten vor Bösem schützen. Sie sind eine liebevolle Geste für den Wald, seine Bewohner:innen sowie Besucher:innen. Außerdem sind sie auch noch sehr dekorativ, wie ich finde. Ich freue mich jedes Mal, welche zu sehen.

11) Waldpackerl für deinen Naturaltar

Suche dir erst ein Blatt, das größer ist als deine Hand. Dies wird das Geschenkpapier für dein Waldpackerl. Hier legst du nun deine persönlichen Waldschätze in die Mitte: Blumen, ein Schneckenhaus, einen kleinen Zapfen. Gib frisches Harz von einem Nadelbaum dazu, und falte das äußere Blatt zusammen. Dank dem Harz bleibt es kleben. (Kleiner Tipp: Wenn du harzige Finger hast, kannst du das am besten mit etwas Öl oder warmem Wasser entfernen.) Nun suchst du dir noch lange Gräser und bindest dein Paket zu. Du kannst es auch zusätzlich mit Blüten dekorieren. Nun sieht das Ganze wie ein kleines Geschenk aus. Nimm es mit und lege es zu Hause auf deinen Naturaltar. Wie du einen solchen gestalten kannst, siehst du auf Seite 47.

12) Auf der Spur

Im Wald leben auch viele Tiere, große und kleine. Mach dich auf die Suche nach einer Ameise oder einem Käfer. Hast du eines gefunden, so folge deinem Tier doch einmal ganz bewusst durch den Wald und schau, was es so erlebt.

Das bin ich:

Geboren am:

Wohnort:

MEIN NAME: ____________________

SPITZNAME: ____________________

MEINE FAMILIE: ____________________

MEIN GEBURTSTAG: ____________________

MEINE BESTEN FREUNDE: ____________________

HIER FINDEST DU MICH IN DER REGEL: ____________________

SO ERKENNST DU MICH: ____________________

DAS STECKT IN MIR: ____________________

DAS KANN ICH BESONDERS GUT: ____________________

MEINE GEHEIME SUPERPOWER: ____________________

WAS DU UNBEDINGT NOCH WISSEN SOLLTEST: ____________________

MEIN LEBENSMOTTO: ____________________

MEIN LIEBLINGSKRAUT: ____________________

Brombeere

MEIN NAME: Brombeere

SPITZNAMEN: Brennbeere, Kratzbeere

MEINE ZAUBERFORMEL: Rubus frutico

MEINE FAMILIE: Rosengewächs

HIER FINDEST DU MICH IN DER REGEL: Ich bin ein Sonnenkind, und in Hecken oder an Wegböschungen fühle ich mich so richtig zu Hause.

IN DIESER ZEIT WACHSE ICH BESONDERS GERN: Ich wachse von Frühling bis Herbst, meine Blüten zeige ich von Juni bis August und meine Beeren kannst du im Spätsommer und Herbst von mir naschen.

SO ERKENNST DU MICH: Ich wachse gebüschartig, bin etwas stachelig und habe weiße bis hellrosa Blüten, woraus dann die bekannten Brombeeren entstehen. Sie sind dunkelblau, ja fast schwarz, und bestehen aus vielen kleinen Kugeln. Meine Blätter sind leicht mit denen meiner Freundin Himbeere zu verwechseln. Aber an der Unterseite sind wir doch unterschiedlich. Im Gegensatz zu den Blättern der Himbeere, die samtig und grau sind, erscheinen meine durchgehend grün. Sie wachsen „wechselständig", also gegeneinander versetzt. Jede Blattgruppe (in der Fachsprache reden wir von Blattspreite) ist ungerade und besteht aus drei, fünf oder sieben Blättern, die an ihren Rändern Zähnchen haben.

DIESE TEILE VON MIR KANNST DU ERNTEN: Meine Blätter pflückst du von Frühling bis Herbst, die Früchte findest du vor allem im Herbst.

DAS KANN ICH BESONDERS GUT: Ich helfe bei Durchfall, denn ich habe eine „stopfende" Wirkung und kann helfen, Entzündungen in Mund und Rachen zu heilen.

MEINE GEHEIME SUPERPOWER: Ich bin nicht nur köstlich zu naschen, ich stecke voller Vitamine, Mineral- und Ballaststoffe. Ich bin auch ein Antioxidans, das klingt kompliziert, ist aber eine super Sache: Ich unterstütze dich dabei, dein Immunsystem zu stärken. Was viele nicht wissen: Ich kann beruhigend wirken und eigne mich daher auch als abendliches Betthupferl.

SO KANNST DU MICH VERWENDEN: Natürlich kannst du meine Früchte naschen, aber auch meine Blätter sind toll zu verwenden. Als Tee zum Beispiel, wenn du an Bauchweh und Durchfall leidest oder im Mund- und Rachenbereich Entzündungen hast. Das hat sogar die Wissenschaft bestätigt. Für den Tee einfach einen Teelöffel Blattkraut mit einer Tasse heißem Wasser übergießen und zehn Minuten ziehen lassen, danach schluckweise trinken.

WAS DU UNBEDINGT NOCH WISSEN SOLLTEST: Aus mir kann man einen koffeinfreien Schwarztee-Ersatz machen. Eine tolle Grundlage also für einen Eistee. Das ist zwar etwas aufwendig, aber es lohnt sich: Dazu erntest du frische Blätter von meinen Zweigspitzen, lässt sie antrocknen und formst kleine Kugeln daraus. Wickle sie dann in Stofftücher ein und lasse sie ein paar Tage im Warmen rasten. Hier läuft eine sogenannte Fermentation ab. Danach nimmst du die Teekugeln aus dem Stoff, lässt sie gut trocknen und lagerst sie fachgemäß.
Infos zum Lagern findest du auf Seite 11.

MEIN LEBENSMOTTO: Ich mache dich beerig stark!

Mein wildes Fundstück:

Gefunden am: ______

Fundort: ______

Red-Velvet-Marmelade

Früher war es üblich, hochwertige Lebensmittel für die kalten und erntelosen Monate zu konservieren. Auch heute ist das Einkochen von Marmelade noch voll im Trend. Hier verrate ich dir mein Lieblingsrezept, das ich vor über zehn Jahren entdeckt und verfeinert habe. Sie schmeckt himmlisch nach Sommer und ist samtig weich.

Du brauchst:

- 700 g Brombeeren
- 300 g Birnen, geschält und entkernt
  (du kannst auch Äpfel nehmen oder beides mischen)
- 500 g Gelierzucker 1:2
- Saubere Marmeladengläser

So wird's gemacht:

1. Zuerst die Brombeeren putzen und waschen, danach in einem Topf kochen. Anschließend durch die Flotte Lotte passieren. Die Flotte Lotte ist ein spezielles Küchengerät zum Marmelade machen. Es verwandelt deine Früchte zu Brei, ohne dass Kerne hineingeraten.
2. Koche dein Brombeermus mit 300 g geschälten und entkernten Birnen nochmals auf. Anschließend erneut pürieren.
3. Schließlich noch einmal mit Zucker etwa zehn Minuten aufkochen. Es muss richtig blubbern.
4. Mach die Gelierprobe, so siehst du, ob deine Marmelade die richtige Konsistenz hat.
   Das geht so: Stell einen kleinen Teller in den Kühlschrank. Gib einen Löffel Marmelade auf den kalten Teller. So stellst du fest, ob deine Marmelade gut geliert oder sie noch etwas länger kocheln sollte.
5. Nun füllst du die Marmelade in sterile Gläser, verschließt sie (ich desinfiziere den Deckel vorher auch noch mit Alkohol) und stellst sie für zehn Minuten auf den Kopf. Dabei mit einem feuchten Geschirrtuch abdecken.
6. Dann wieder umdrehen und auskühlen lassen. Beschriften nicht vergessen!

Durch die Beigabe der Birnen wird diese Marmelade so samtig weich, daher der passende Name (Red Velvet – Roter Samt)!

Haltbarkeit: mindestens ein Jahr

Beeren-Buttermilch-Eisshake

Beerig und nach Sommer im Glas schmeckt dieser erfrischende Smoothie-Eisshake. Die leichte Säure der Buttermilch harmoniert wunderbar mit den Brombeeren und die Zitronenmelisse macht das Ganze spritzig.

Du brauchst:

- 2 Kinderhandvoll frischer Brombeeren
- 5 Blätter Zitronenmelisse
- 100 ml Buttermilch
- 5 Eiswürfel

Wer es etwas süßer mag, kann noch mit Honig süßen.

So wird's gemacht:

1. Wasche Brombeeren und Zitronenmelisse und gib sie in einen Standmixer.
2. Gib die Buttermilch, bei Bedarf den Honig und die Eiswürfel dazu und mixe alles zusammen kurz auf.

Fertig ist der coole Drink für heiße Sommertage.

Wald-Engelwurz

MEIN NAME: Wald-Engelwurz

SPITZNAMEN: Brustwurz, Angelikawurz

MEINE ZAUBERFORMEL: Angelica sylvestris

MEINE FAMILIE: Doldengewächs

HIER FINDEST DU MICH IN DER REGEL: Ich mag feuchte Böden gerne. Im Gegensatz zu meiner Schwester, der Garten-Engelwurz, die man auch auf Wiesen findet, wachse ich mit Vorliebe in Wäldern und Auen.

IN DIESER ZEIT WACHSE ICH BESONDERS GERN: Ich bin ein Sommerkind und blühe von Juli bis September.

SO ERKENNST DU MICH: Mein Duft ist besonders intensiv, er ist sehr würzig und erdig. Ich rieche ein bisschen wie Sellerie oder Liebstöckel. Meine Dolden sind eher flach und blühen cremig bis grünlich. Stell dir vor, sie können einen Durchmesser von bis zu 20 Zentimetern haben. Meine Stängel sind zwar nicht ganz so hoch wie die meiner großen Schwester, aber ich werde bis zu 1,5 Meter hoch. Meine Stängel sind dunkelgrün und röhrig. Meine Blätter sind recht groß und rau. Die untere Seite ist behaart.

DIESE TEILE VON MIR KANNST DU ERNTEN: Am beliebtesten ist meine Wurzel, aber auch die Samen lassen sich verwenden. Die Wurzeln erntest du entweder im Frühjahr oder im Herbst, niemals zur Blütezeit. Aus meinen Blättern kannst du Kräutersalz machen. Sammle hierfür die jungen Blätter im Frühsommer.

DAS KANN ICH BESONDERS GUT: Ich bin wohltuend für deinen Magen und fördere deine Verdauung. Dazu kannst du Pulver oder Tee aus meiner Wurzel machen. Als Tee getrunken helfe ich dabei, deinen Appetit wieder anzuregen. Ich habe auch schon gehört, dass eine berühmte österreichische Gourmetköchin aus Salzburg meine Wurzel in ihre berühmte Rindssuppe gibt.

MEINE GEHEIME SUPERPOWER: Meine Schutzkraft, das verrät schon mein Name. Wenn du mich bei dir trägst, kann ich dir helfen, deine Angst zu überwinden, und schenke dir eine Extraportion Selbstbewusstsein. Mach aus meiner Wurzel ein Amulett. Nachdem du sie geerntet hast, schneidest du die großen Stücke in Scheiben und machst mit einer Sticknadel ein Loch hinein. Sobald die Wurzelscheiben getrocknet sind, ziehst du ein Bändchen durch und trägst das Ganze als Kette.

SO KANNST DU MICH VERWENDEN: Auch bei Schnupfen und Husten bin ich eine zuverlässige Schleimlöserin für Groß und Klein. Aus meiner Wurzel wird gerne Balsam gemacht. Da kommt einiges ins Rinnen. Dazu habe ich dir ein Rezept mitgebracht.

WAS DU UNBEDINGT NOCH WISSEN SOLLTEST: Mein Duft kann beruhigend wirken, wenn du etwas nervös bist. Beim Räuchern sorge ich für Schutz und bringe Licht in die dunklen Tage. Als Räuchermischung eignen sich Wurzel (fein geschnitten) und Samen.

MEIN LEBENSMOTTO: Stets stark verwurzelt und gut beschützt.

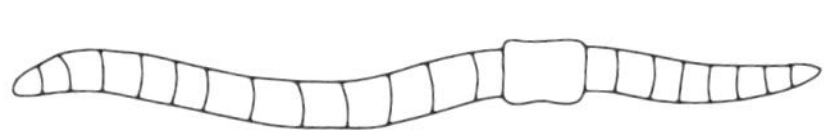

Mein wildes Fundstück:

Gefunden am:

Fundort:

Insekten-Apartment

Kleine Käfer und ihre Freund:innen suchen im Garten gerne nach Unterschlupf. Eigentlich sind von der Natur viele Möglichkeiten gegeben, aber durch uns Menschen wurde viel „aufgeräumt" und zerstört. So finden sich nicht mehr so viele Verstecke für die kleinen Insekten. Du kannst da etwas nachhelfen. Baue ihnen doch ein kleines nachhaltiges Insekten-Zuhause.

Du brauchst:

- Ein paar Stängel der Wald-Engelwurz
- Garn
- Schere

So wird's gemacht:

1. Schneide ein paar meiner Stängel ab und kürze sie in gleich lange Stiele, ungefähr 15–20 cm lang. Lasse sie im Halbschatten trocknen.
2. Nach ein paar Tagen kannst du sie dann mit einem Garn oder Schnur zu einem Bündel zusammenbinden. Frage jemanden um Hilfe, zu zweit geht das gleich viel einfacher. So kann einer die Röhren halten, während du die Schnur drumwickelst.
3. Lass die Schnur oben länger, damit du dein kleines Insekten-Apartment aufhängen kannst, und bring sie im Garten, an einem Baum oder deinem Balkon an.

Gut zu wissen: Durchs Nachtrocknen ziehen sich die Häuschen noch ein bisschen zusammen, also schau nach ein paar Tagen noch mal nach und binde die Schnur etwas fester, falls notwendig.

Schnupfnasenbalsam

Engelwurz bringt deine Nase zum Laufen, löst lästige Verschleimungen in deiner Nase und lässt dich gut durchatmen.

ACHTUNG: heiß!

Du brauchst:

- Getrocknete Engelwurz-Wurzel (genug, um zwei kleine Marmeladengläser zu füllen)
- 100 ml Bio-Olivenöl
- 50 ml 80%igen Alkohol
- 50 ml Johanniskrautöl
- 15 g Bio-Bienenwachs

Für das Wasserbad:

- 1 Topf
- 1 feuerfestes Glas

So wird's gemacht:

Vorbereitung:

Wir machen zuerst zwei Auszüge aus der Engelwurz-Wurzel, einen mit Öl und eine Tinktur mit Alkohol. Mörsere dazu die Wurzel und befülle zwei sterile Marmeladengläser bis zur Hälfte. Fülle das eine mit Bio-Olivenöl auf, verschließe es gut und stelle es an ein dunkles Plätzchen. Das andere Glas füllst du mit Alkohol auf, verschließt es ebenfalls und stellst es gleich daneben. Warte drei Wochen.

Balsamrühren: Nach drei Wochen kann es dann endlich losgehen mit der Salbenkocherei.

1. Jetzt kannst du jedes Glas mithilfe eines feinen Siebs oder Stofftuchs abseihen und den Inhalt in saubere Flaschen füllen.
2. Mische das Engelwurzöl und Johanniskrautöl und erhitze es in einem feuerfesten Gefäß in einem Wasserbad.
3. Gib 15 ml Engelwurz-Tinktur dazu und löse dann das Wachs darin auf.
4. Nun kannst du die Flüssigkeit in Schälchen abfüllen und auskühlen lassen. Danach verschließen.
5. Die restliche Tinktur und das Öl lagerst du verschlossen in dunklen Flaschen.

Haltbarkeit: mindestens ein Jahr

Fichte

MEIN NAME: Fichte

SPITZNAME: Rottanne

MEINE ZAUBERFORMEL: Picea abies

MEINE FAMILIE: Kieferngewächse

MEINE BESTEN FREUNDE: Unter mir wachsen oft Eierschwammerl (Pfifferlinge)

HIER FINDEST DU MICH IN DER REGEL: Ich bin total unkompliziert und habe keine großen Ansprüche, solange meine Wurzeln trocken bleiben. Nasse Füße und Staunässe vertrage ich nämlich ganz und gar nicht. Da ich so unkompliziert bin, werde ich bei den Forstleuten als der perfekte Waldbaum gefeiert und wurde daher gerne im Waldbau gepflanzt. Leider ist dadurch vielerorts eine Monokultur entstanden und ich habe mich ganz schön breitgemacht.

IN DIESER ZEIT WACHSE ICH BESONDERS GERN: Ich bin immergrün. Meine beliebten Triebspitzen, auch bekannt als Maiwipferl, findest du im Mai und Juni, je nach Standort.

SO ERKENNST DU MICH: Als Nadelbaum könntest du mich auf den ersten Blick vielleicht mit meiner Kollegin, der Tanne, verwechseln. Darum schau gut hin und merk dir am besten ein paar markante Erkennungsmerkmale. Meine Nadeln sind spitz und piksen. Folgende Eselsbrücke kann dir helfen: „Die Fichte sticht, die Tanne nicht." Meine Nadeln wachsen rund um den Zweig in alle Richtungen und haben ein braunes Häubchen am unteren Ende. Meine Zapfen hängen übrigens nach unten, meine Rinde ist rotbraun und hat Schuppen, die der Tanne ist grau und eher glatt.

DIESE TEILE VON MIR KANNST DU ERNTEN: Vor allem die jungen Triebspitzen und das Harz sind sehr beliebt. Auch aus meinen Nadeln lässt sich einiges herstellen.

DAS KANN ICH BESONDERS GUT: Ich hab es richtig in mir. Ätherische Öle und andere hochwertige Inhaltsstoffe ermöglichen es mir, dir bei verschiedenen Wehwehchen zur Seite zu stehen. So mildere ich deinen Husten und löse auch nervigen Schleim. Mein Harz kann Entzündungen auf deiner Haut mildern. Ich bin voller Vitamin C, und das schmeckt man auch, denn meine Wipfel schmecken zart zitronig. Nasch mich einfach oder mach einen feinen Durstlöscher aus mir, indem du ein paar junge Zweige in einen Krug Wasser gibst.

MEINE GEHEIME SUPERPOWER: In der Volksheilkunde bin ich schon seit jeher der Star. Aus meinem Harz kannst du eine Pechsalbe machen. Die ist ein absolutes Wundermittel und sollte in keinem Haushalt fehlen. Bei Hautirritationen oder kleinen Verletzungen wirkt sie entzündungshemmend, zusammenziehend und sagt Bakterien, Viren und Pilzen den Kampf an. Ein Rezept dazu verrät dir die Lärche auf Seite 48. Pssst: Du kannst die gleiche Salbe aber auch aus meinem Pech machen, einfach nur das der Lärche durch meines ersetzen.

SO KANNST DU MICH VERWENDEN: Ich bin ein Multitalent und du wirst mich lieben. Aus meinen jungen Maiwipferln lässt sich Hustenhonig oder -saft herstellen. Du kannst mich aber auch gemeinsam mit Salz mörsern und als Kräutersalz in der Küche verwenden, oder das Ganze mit Öl vermischen und ein Fußpeeling daraus zaubern. Außerdem könntest du mich in eine Badebombe einarbeiten und dein eigenes Waldbad zu Hause machen. Sollten dich Husten und Erkältungen plagen, inhaliere mit meinen Nadeln und Salz, das befreit die Atemwege.

WAS DU UNBEDINGT NOCH WISSEN SOLLTEST: Eine Bitte nur: Sammle meine Wipferl mit Bedacht und Dankbarkeit, immer nur ein paar pro Baum. Ich teile gerne mit dir, aber brauche natürlich meine Triebspitzen, um weiterzuwachsen.
Schon bei den Germanen, unseren Vorfahren, habe ich eine wichtige Rolle gespielt, ich galt als Lebens- und Mutterbaum und gab stets Hoffnung.

MEIN LEBENSMOTTO: Ich bin Fichte, was sind deine Superkräfte?

Mein wildes Fundstück:

Gefunden am: ______________________

Fundort: ______________________

Geschüttelte Fichtenbutter

Shake it! Und dann schmier mich doch einfach mal aufs Jausenbrot. Schmeckt köstlich erfrischend und nach Zitronen. Schon mal selbst Butter geschüttelt? Das geht ruck, zuck und macht Spaß.
Du benötigst ein kleines sauberes Marmeladenglas und Schlagobers, oder wie es in Deutschland heißt: Sahne.

Du brauchst:

- 1 Marmeladenglas (50 ml)
- 2 Fichtenwipferl
- Etwas Schlagobers, flüssig

So wird's gemacht:

1. Zupfe vorsichtig frische Fichtenwipferl in das Glas hinein.
2. Fülle das Gläschen bis zur Hälfte mit dem Schlagobers an und verschraube es gut, sodass nichts herausspritzen kann.
3. Nun heißt es: Schütteln, was das Zeug hält. Fertig bist du, wenn sich im Glas ein Butterkugerl gebildet hat. Die Restflüssigkeit ist übrigens Molke, die kannst du einfach trinken.

Tipp: Besonders gut schmeckt die Fichtenbutter auf einem Stück frisch gebackenem Schwarzbrot beim nächsten Gartenpicknick.

Schokoladiger Fichtensnack

Schoko-Fans aufgepasst! Für Naschkatzen und -kater ist dieses schnelle Rezept ein Muss. Du hast bestimmt noch ein paar Schoko-Nikoläuse oder -Hasen herumliegen. Ich zeige dir, wie du daraus schokoladige Kräutersnacks machen kannst.

ACHTUNG: heiß!

Du brauchst:

- 1 alten Schoko-Nikolaus oder Ähnliches
- 1 EL Butter
- 1 Handvoll Fichtenwipferl
- Saisonale Blüten aus dem Wald zum Garnieren *(wie zum Beispiel Storchenschnabel, Walderdbeeren, Lungenkraut oder was gerade so blüht und dir gefällt)*
- Backpapier

Für das Wasserbad

- 1 Topf
- 1 feuerfestes Glas

So wird's gemacht:

1. Mache einen Topf halb voll mit Wasser und erhitze es.
2. Zerkleinere den Schoko-Nikolaus und gib ihn in das feuerfeste Gefäß. Das stellst du in den Topf mit dem warmen Wasserbad. Hierbei ist es wichtig, dass kein Wasser zur Schokolade gelangt, das kann das Schmelzen verzögern.
3. Sobald alles cremig weich ist, gibst du noch langsam etwas Fett hinzu, beispielsweise Butter, um die Schokolade flüssiger zu machen. Bei dieser Menge ist das in etwa ein Esslöffel Butter.
4. Wenn die Schokolade so richtig flüssig ist, nimm den Topf vom Herd. Achtung, heiß!
5. Jetzt tunkst du die Fichtenwipferl vorsichtig in Schokolade und lässt sie auf einem mit Backpapier belegten Teller trocknen. So verfährst du mit rund der Hälfte deiner Schokolade.

Mit dem Rest machen wir noch richtig tolle Waldschoki:

1. Dazu bereitest du dir ein Brett mit Backpapier vor.
2. Mithilfe einer Teigkarte streichst du die flüssige Schokolade auf, dann bestreust du deine Bruchschokolade mit klein gezupften Fichtenwipferln und den bunten Waldblüten.
3. Lass die Schokolade an einem kühlen Ort rasten, bis sie fest geworden ist.
4. Dann heißt es: Brechen und genießen oder hübsch verpacken und verschenken.

Haselnuss

MEIN NAME: Haselnuss

SPITZNAME: Waldhasel

MEINE ZAUBERFORMEL: Corylus avellana

MEINE FAMILIE: Birkengewächse

MEINE BESTEN FREUNDE: Buche, Weißdorn, Menschen

HIER FINDEST DU MICH IN DER REGEL: Ich wachse sehr gerne in Buchenwäldern, an Lichtungen und am Waldrand. Aber auch in Gärten, an Wanderwegen oder wo es mir sonst gefällt und wo mich die Eichhörnchen pflanzen.

IN DIESER ZEIT WACHSE ICH BESONDERS GERN: Meine Kätzchen, die aussehen wie kleine Würmer, wachsen bereits im Jänner, zur Blüte komme ich von Februar bis April. Meine Nüsse sind im Herbst reif.

SO ERKENNST DU MICH: Ich wachse als mehrjähriger Strauch, meine Blätter sind groß und eher rund, am Rand gezahnt und laufen spitz zusammen. Die Äste sind besonders biegsam. Die Kätzchen werden in etwa 5–10 cm lang. Meine Nüsse sind von grünen Blättern umrandet. Sobald ich reif bin, wird die Schale braun und recht hart. Ich bin nicht immer so leicht zu knacken.

DIESE TEILE VON MIR KANNST DU ERNTEN: Kätzchen, Früchte und Blätter

DAS KANN ICH BESONDERS GUT: Meine Kätzchen wirken fiebersenkend und ergeben deswegen einen guten Grippetee, den du bereits im Februar sammeln kannst, auf jeden Fall aber vor der Blüte. Du solltest etwas davon trocknen und dann mit Holunder- und Lindenblüten zu einer Teemischung vereinen.

MEINE GEHEIME SUPERPOWER: Meine Früchte sind besonders gesund und gut für dein Gehirn. Daher am besten in den täglichen Genuss integrieren: in Müsliriegel, Frühstücks-Granola oder als Snack zwischendurch. Du kannst auch einen Honig mit Haselnüssen ansetzen. Dazu zerhackst du meine Nüsse, röstest sie kurz an und füllst mich mit gutem Bio-Honig in ein Schraubglas.

SO KANNST DU MICH VERWENDEN: Ich bin vielseitig einsetzbar, ob zum Genuss in der Küche oder als heilsamer Tee. Aber auch beim Räuchern bin ich eine tolle Begleiterin. In der Volksheilkunde galt ich auch als Wundheilerin: Bei kleinen Verletzungen hat man früher meine frische Rinde mit der feuchten Seite auf die Wunde gelegt, um die Blutung zu stillen.

WAS DU UNBEDINGT NOCH WISSEN SOLLTEST: Ich löse leider bei vielen Menschen Allergien aus. Aber du selbst weißt am besten, ob du mich „verträgst".

MEIN LEBENSMOTTO: Was andere von mir denken, ist mir total Nüsse.

Mein wildes Fundstück:

Gefunden am:

Fundort:

Waldräucherkegel

Die Haselnuss steht für Freundschaft, Frieden und Versöhnung und soll über eine starke Schutzkraft verfügen. Somit ist sie eine tolle Basis für ein selbst gemachtes Waldräucherwerk. Welche Kräuter du noch dazu nimmst, bleibt ganz dir und deinem Gefühl und Geschmack überlassen, alle Kräuter in diesem Buch eignen sich dazu. Einen Räucherkegel zu drehen ist eine zauberhafte Möglichkeit, dir den Wald in deine vier Wände zu holen.

Du brauchst:

- 2 EL Maisstärke
- 200 ml Wasser
- 4 Stück Räucherkohle (ca. 50 g)
- 4 EL Haselkätzchen, getrocknete Blätter
- 2 EL getrocknete Kräuter nach Wahl (sehr gut geeignet: Engelwurzsamen, Lungenkraut, Fichtennadeln, Lindenblüten, Waldmeister)

So wird's gemacht:

ACHTUNG: heiß!

1. Zuerst machst du aus Wasser und Maisstärke einen Kleber: Dazu rührst du die Maisstärke mit etwas Wasser (etwa zwei Esslöffel) an, das restliche Wasser gibst du in einen Topf und kochst es am Herd auf.
2. Dann erst mischst du das Wasser-Stärke-Gemisch ein. Lasse es ungefähr eine Minute unter ständigem Rühren kochen. Die Flüssigkeit sollte leicht zähflüssig sein, dann abkühlen lassen. Da vom Naturkleber nur zwei Esslöffel benötigt werden, kannst du den Rest verschlossen in einem sauberen Marmeladenglas im Kühlschrank aufbewahren und für weitere Basteleien verwenden. Der Naturkleber ist in etwa zwei Wochen haltbar.
3. Die Räucherkohle kannst du nun pulverisieren. Dies geschieht entweder mit einer alten Kaffeemühle oder mit dem Mörser. Oder so, wie wir es meistens machen, weil es meinen Kindern besonders Spaß macht: Gib die Räuchertaler in ein Plastiksackerl und zerklopfe sie vorsichtig mit einem Hammer, bis sie ganz fein zermahlen sind.
4. Für die Waldmischung werden die Haselnusskatzerl, Kräuter und Nadeln zermörsert, bis alles ganz fein ist. Insgesamt benötigst du in etwa vier Esslöffel für die Kegel und zwei für die Panade.
5. Bereite eine kleine Schüssel mit zwei Esslöffeln Kräutermischung für die Panade vor und stelle sie zur Seite.
6. Nun gibst du vier Esslöffel deiner Kräutermischung mit der Kohle in eine weitere Schüssel und fügst langsam deinen selbst gemachten Kleber hinzu, bis alles eine formbare Masse ist. Nun geht der Spaß erst richtig los. Forme mit deinen Fingern kleine, etwa murmelgroße Kugeln und ziehe sie zu einem Kegel hoch.
7. Walze deine fertigen Kegel vorsichtig in der vorbereiteten „Kräuterpanade" und stelle sie auf ein Brett mit Backpapier zum Trocknen an einen warmen Ort, etwa auf den warmen Heizkörper oder Kachelofen.
8. Hab etwas Geduld, es kann drei bis vier Tage dauern, bis deine Räucherkegel ganz durchgetrocknet sind.

Übung:

Feiere deine Dankbarkeit

Ein schönes Ritual ist, gemeinsam mit einem Erwachsenen das Licht oder deinen Räucherkegel zu entzünden und sich bei Mutter Natur für die schönen Geschenke zu bedanken.

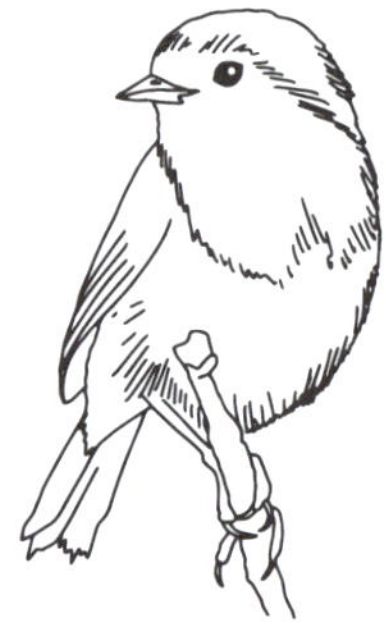

Naturaltar

Die Haselkätzchen sind im Jänner, aber spätestens im Februar erntereif und werden daher einer deiner ersten Waldkräuterfreunde im neuen Kräuterjahr sein. Darum eignen sie sich besonders gut, damit deinen Naturaltar zu beginnen. Sammle ein paar Kästchen und stelle sie zentriert auf deinen „Altar". Dieser Altar kann ein Tablett, ein Brett oder einen Teller als Grundlage haben. Schau mal, was du zu Hause findest.

Darauf kannst du nun deine gesammelten Schätze verteilen.
Bau den Altar an einem Platz auf, den du gut siehst, und auch so, dass du immer wieder neue Naturschätze hinzufügen oder saisonal austauschen kannst.

Auf meinem Naturelemente-Altar befinden sich außerdem immer Vertreter der vier Elemente Erde, Feuer, Wasser und Luft. Hier ein paar Beispiele für die vier Elemente.

Die Erde kann durch Steine, Kräuter, Schneckenhäuser, Hagebutten oder Blüten symbolisiert werden.
Für Feuer steht beispielsweise eine Kerze oder dein selbst gemachter Räucherkegel.
Für Wasser kannst du ein Schälchen Wasser dazustellen und für das Element Luft eignet sich etwa eine Feder.

Dazu kommen kleine Geschenke, Briefchen, Fotos, Karten oder Mitbringsel aus dem Wald.
Alles, was dir gefällt, ist hier erlaubt. Es gibt keinerlei Regeln, du darfst das ganz für dich alleine entscheiden.

Lärche

MEIN NAME: Lärche

SPITZNAME: Nakapatzi ;)

MEINE ZAUBERFORMEL: Larix decidua

MEINE FAMILIE: Kieferngewächse

MEINE BESTEN FREUNDE: Über der Waldgrenze zählen vor allem Baumbart, Isländisch Moos, Heidel- oder Preiselbeeren zu meinen Freunden.

HIER FINDEST DU MICH IN DER REGEL: Ich bin ein richtiger Bergfex und fühle mich in Gebirgswäldern bis zu 2000 Meter total wohl. Ich brauche aber meinen Platz und mag es gar nicht, wenn es eng wird. Sonst gedeihe ich nämlich nicht gut und sehe schnell krank aus.

IN DIESER ZEIT WACHSE ICH BESONDERS GERN: Ich wachse jeden Tag ein kleines bisschen. Besonders an mir ist aber mein Nadelkleid: Ich bin der einzige heimische Nadelbaum, der im Winter seine Nadeln abwirft. Auch wenn ich ganz nackig dastehe, stören mich kalte Temperaturen bis ca. –40 °C nicht wirklich.

SO ERKENNST DU MICH: Wie bereits erwähnt, verliere ich im Winter meine Nadeln, also kannst du mich zu dieser Jahreszeit ganz leicht erkennen. Sie wachsen in kleinen Büscheln am braunen Knopf an den Zweigen heraus. Sie sind zwischen ein bis drei Zentimeter lang, stumpf und stechen nicht. Meine Rinde verändert sich mit meinem Alter. Bei jungen Exemplaren ist sie eher grünlich und wird mit den Jahren graubraun. Meine Zapfen sind klein und eiförmig. Ich bin eine einhäusige Pflanze, das bedeutet, ich trage männliche und weibliche Blüten. Letztere sind richtig cool und wirklich ein besonderes Merkmal. Denn sie sind grellpink und blühen von etwa März bis Mai.

DIESE TEILE VON MIR KANNST DU ERNTEN: Vor allem natürlich das Pech (also Harz), das dir aber mit Sicherheit Glück bringt. Außerdem meine Nadeln und auch meine frischen, klebrigen Zapfen, die du in Öl ansetzen kannst.

DAS KANN ICH BESONDERS GUT: Ich heile deine Wunden, wirke entzündungshemmend und antiseptisch, rege deine Durchblutung an und bin richtig stark, wenn es um Verschleimungen und Erkältungen geht.

MEINE GEHEIME SUPERPOWER: Unumstritten ist das wohl mein Lärchenpech. Es ist nicht immer leicht zu finden, da ich seltener blute als meine Nadelschwester Fichte. Aber in mir fließt flüssiges Gold. Mit meinem Pech wird die berühmte Pechsalbe gemacht, die ein wahres Allroundtalent ist und Wunden wie von Zauber wieder verschließt. Außerdem bekämpft sie Bakterien und sorgt dafür, dass deine Wunden rein und gesund werden. Bei kleinen Pickeln kannst du meine Pechsalbe ebenso auftupfen, genauso wie bei eingewachsenen Zehennägeln. Wenn du mal wieder Schleim tief in deiner Brust und starken Husten hast, reibe dich mit einem Brustbalsam aus meinem Harz ein.

SO KANNST DU MICH VERWENDEN: Mit meinen Nadeln kannst du Salz zum Inhalieren oder für Erkältungsbäder machen. So ein Nadelsalz ist eine richtig gute Grundlage, denn einfach mit etwas Öl vermischt lässt sich ein wohltuendes Fußbad daraus zaubern. Die in Alkohol angesetzten Nadeln ergeben eine gute Einreibung für müde Füße. Meine jungen Triebe kannst du auch einfach naschen, sie schmecken sehr erfrischend.

WAS DU UNBEDINGT NOCH WISSEN SOLLTEST: Man sagt auch gerne „Großmütterchen des Waldes" zu mir, da ich mit meiner knorrigen Rinde und meinen Baumflechten an eine weise Oma erinnere. Aus mir werden auch Bachblüten hergestellt, die helfen sollen, das Selbstbewusstsein zu stärken. Wenn du mich bei deinem nächsten Waldbesuch antriffst: Lehne dich an meine knorrige Rinde, wie eine liebe Oma gebe ich dir Mut und ein beschützendes Gefühl.

MEIN LEBENSMOTTO: Zum Glück hab ich Pech für dich!

Mein wildes Fundstück:

Gefunden am: ____________________

Fundort: ____________________

Omas Pechsalbe

Ein wahres Multitalent ist Omas Pechsalbe. Sie wirkt zusammenziehend und entzündungshemmend und ist dein idealer Begleiter. Verwende sie bei Schürf- und Schnittwunden, entzündeten Hautpartien oder Husten. Dieses Rezept funktioniert auch wunderbar mit dem Harz der Fichte.

ACHTUNG: heiß!

Du brauchst:

- 30 g Lärchenpech
- 90 ml Olivenöl
- 20 g Bienenwachs
- 1 alten Topf
- Teefilter oder altes Sieb
- Saubere Gläschen mit Deckel

So wird's gemacht:

1. Erwärme das Lärchenpech mit dem Öl in einem alten Topf und lasse alles zusammen etwa zwei Stunden auf kleiner Flamme ziehen.
2. Anschließend seihst du das Ganze durch einen Teefilter oder ein altes Sieb ab.
3. Erwärme alles nochmals in deinem „Pechtopf" und gib diesmal das Bienenwachs hinzu.
4. Nun rührst du die Masse auf kleiner Flamme, bis das Wachs sich vollständig aufgelöst hat.
5. Danach kannst du alles in saubere Gläschen abfüllen.
6. Sobald deine Salbe ausgekühlt und fest geworden ist, kannst du die Gläser zuschrauben.

Tipp: Da sich das Pech nur schwer rückstandslos entfernen lässt, empfiehlt es sich, einen alten Topf zu verwenden, der schmutzig werden darf.

Haltbarkeit: mindestens ein Jahr

Schüttellotion „Franzbranntwein“

Wer ist denn bitte der Franzbrannt? Ein lustiger Name, oder? Vielleicht hast du das schon mal gehört, denn das ist ein sehr altes und geschätztes Hausmittel, welches in keinem Haushalt fehlen durfte. Es hilft bei Muskelkater, Verspannungen und müden Wanderbeinen. Rezepte und Versionen gibt es wirklich viele.
Ich habe dir eine ganz einfache und milde Rezeptur zum Nachmachen mitgebracht.

Du brauchst:

- 1 Lärchenzweigerl mit Zapfen
- 1 EL Wacholderbeeren aus dem Küchenkasterl
- 100 ml 80%igen Alkohol
- 100 ml Johanniskrautöl
- 1 sauberes Schraubglas
- 1 sterile Flasche

So wird's gemacht:

1. Zupfe die Nadeln und Zapfen vom Lärchenzweig und zerkleinere sie vorsichtig.
2. Schneide anschließend das Zweigerl in kleine Stücke und gib alles zusammen in das saubere Schraubglas.
3. Zerdrücke die Wacholderbeeren in einem Mörser und füge sie hinzu.
4. Schließlich füllst du alles mit dem Alkohol auf und lässt das Glas zugedeckt vier Wochen an einem hellen Ort stehen.
5. Danach seihst du alles ab und füllst eine saubere Flasche bis zur Hälfte damit an. Nun verdünnst du das Ganze mit dem Johanniskrautöl. Das ist leichter als die Tinktur und schwimmt daher obenauf.

Anwendung: Vor jeder Anwendung schüttelst du deine Franzbrannt-Schüttellotion, sodass sich die beiden Flüssigkeiten gut vermischen. So kannst du sie gut auf deine Haut auftragen.

Haltbarkeit: mindestens ein Jahr

Linde

MEIN NAME: Linde

SPITZNAME: die Milde

MEINE ZAUBERFORMEL: Tilia

MEINE FAMILIE: Malvengewächse

HIER FINDEST DU MICH IN DER REGEL: Manchmal triffst du mich in gemischten Laubwäldern an, aber ich wurde auch gerne in Alleen, Parks und auf Dorfplätzen gepflanzt.

IN DIESER ZEIT WACHSE ICH BESONDERS GERN: Da ich ein Baum bin, wachse ich ständig, und ich werde richtig alt und groß. Meine süß duftenden Lindenblüten findest du vor allem im Frühsommer, Juni und Juli.

SO ERKENNST DU MICH: Von mir gibt es zwei verschiedene Vertreter, die Sommer- und die Winterlinde. Wir sind beide gleich toll. Ich bin ein Laubbaum und werde bis zu 20 Meter hoch. Meine Blätter erinnern an Herzen und sind an den Rändern gezahnt. Je nach meiner Sorte habe ich Behaarung und hellere oder dunklere Grüntöne. Meine Blüten sind zart und gelb. Typisch ist ein langes Hochblatt, das an Flügel erinnert und sich an einem langen Stiel befindet, der direkt mit der Blüte verbunden ist.

DIESE TEILE VON MIR KANNST DU ERNTEN: Knospen, Blüten, junge Blätter

DAS KANN ICH BESONDERS GUT: Ich kann dich gut zum Schwitzen bringen, deinen Husten lindern, dich beruhigen und dir beim Einschlafen helfen.

MEINE GEHEIME SUPERPOWER: Ich vermag es, zu lindern, wie mein Name schon sagt. Gerade in der Schnupfnasenzeit bin ich deine treue Freundin. Ob Husten, Schnupfen, Hals- und Ohrenschmerzen, sogar Fieber sage ich den Kampf an. Dafür verwendest du vor allem meine Blüten als Tee. Ernte sie im Sommer, trockne sie sanft und bewahre sie in alten Stoffpolsterhüllen oder Papiertüten auf. In Kombination mit Holunder wirke ich übrigens besonders gut!

SO KANNST DU MICH VERWENDEN: Meine Knospen kannst du direkt von mir naschen oder zu Präparaten, die man übrigens Gemmo-Mazerate nennt, verarbeiten. Die Herstellung ist zwar eher anspruchsvoll und etwas für Kräuterprofis, aber richtig cool! Meine jungen Blätter schmecken köstlich in Salaten und anderen Rohkost-Gerichten. Aus meinen Blüten lässt sich auch Oxymel, Sirup oder Tee machen. Lust auf etwas ganz Besonderes? Schnitze dir aus meinem Holz gemeinsam mit einem talentierten Bastler dein eigenes Garten-Schauferl und verwende es zum Wurzelgraben.

WAS DU UNBEDINGT NOCH WISSEN SOLLTEST: Über mich sagt man gerne: „300 Jahre kommt sie, 300 Jahre bleibt sie und 300 Jahre geht sie." Demnach ist mir ein langes Leben mit vielen Aufgaben vorhergesehen. Gerne gebe ich meine guten Eigenschaften weiter, und ich sorge für Gerechtigkeit. Darum findest du in vielen Orten eine Dorflinde, unter mir wurden gerne Feste gefeiert und Gericht gehalten, wo selten ein ungerechter Schuldspruch gesprochen wurde.

MEIN LEBENSMOTTO: Gerecht, aber herzlich.

Mein wildes Fundstück:

Gefunden am:

Fundort:

Schutzengerl-Spray

Die Linde gilt auch als Schutzbaum und hat mütterlichen Segen in sich. Göttinnen verschiedener Kulturen nannten die Linde ihr Zuhause. Ihr süßlicher Duft ist weich und beruhigt. So ist sie die ideale Grundlage für einen einfachen Schutzengerl-Spray.

ACHTUNG: heiß!

Du brauchst:

- 200 ml heißes Wasser
- 1 EL getrocknete Lindenblüten
- 1/2 EL getrocknete Lavendelblüten
- 1/2 EL getrocknete Kamillenblüten
- 1/2 EL getrocknete Gänseblümchen
- 80%igen Alkohol
- 6 Tropfen ätherisches Bio-Öl „Grapefruit"
- Alternativ: ätherisches Bio-Öl „Litsea cubeba", bekannt als Engelsöl
- 1 sterile Braunglasflasche mit Sprayaufsatz
- 1 Glasflasche für die Lagerung

So wird's gemacht:

1. Koche Teewasser auf und übergieße die Kräuter damit, lasse das Ganze etwa 20 Minuten ziehen.
2. Danach seihst du die Kräuter mithilfe eines Teesiebs ab.
3. Lass deinen Teeauszug auskühlen und gib ca. 10–20 ml 80%igen Alkohol dazu, um die Mischung haltbar zu machen.
4. Befülle deine Braunglasflasche mit der ausgekühlten Teemischung und füge sechs Tropfen ätherisches Öl dazu.
5. Die restliche Menge von deinem Kräuteransatz kannst du in einer dunklen Flasche zwischenlagern.

Vor der Anwendung schütteln. Besprühe deinen Körper, den Raum, dein Bett, dein Kopfpolster oder was auch immer gerade eine Extraportion Schutzengel-Energie braucht.

Haltbarkeit: Durch die Zugabe des Alkohols ist der Spray mindestens vier Monate haltbar.

Badetee

Wusstest du, dass du in Kräutertee baden kannst?
Ja, genau, du kannst deine Teemischung auch als Vollbad genießen.
Die Zubereitung ist ähnlich wie die des Schutzengel-Sprays,
denn deine Grundlage ist ein besonders starker Tee-Aufguss.

ACHTUNG: heiß!

Du brauchst:

- 1 Handvoll Lindenblüten (frisch oder getrocknet)
- 1 Liter gekochtes Wasser

So wird's gemacht:

1. Gib die Blüten in eine Teekanne und gieße alles mit heißem Wasser auf.
   Denk daran, das Ganze abzudecken, damit die ätherischen Öle nicht verdampfen.
2. Nach 20 Minuten ist dein Badezusatz fertig.
3. Gieße ihn am besten direkt durch ein Sieb in dein Badewasser.

PS: Das ist übrigens auch eine tolle Geschenkidee für gestresste Mamas und Papas.
Verpacke die getrockneten Blüten mit Butterbrotpapier und schreib „Anti-Stress-Bad für …" drauf, und schon ist es fertig.

Lungenkraut

MEIN NAME: Lungenkraut

SPITZNAME: Hänsel und Gretel

MEINE ZAUBERFORMEL: Pulmonaria officinalis

MEINE FAMILIE: Raublattgewächs

HIER FINDEST DU MICH IN DER REGEL: Ich wachse gerne in Laub- und Mischwäldern und mag es schattig. Du findest mich auch am Waldrand.

IN DIESER ZEIT WACHSE ICH BESONDERS GERN: Ich komme schon im Frühling heraus und blühe in der Regel von März bis Mai.

SO ERKENNST DU MICH: Meine Blätter sind oval und laufen spitz zusammen. Am auffälligsten sind meine weißen Flecken, die an die Bläschen der Lunge erinnern. Daher auch mein Name. Meine Blüten sind fünfblättrig und trichterförmig. Das macht mich ziemlich besonders: Sie blühen auf derselben Pflanze zweifarbig: blau und rosa. Warum, erzähle ich dir später.

DIESE TEILE VON MIR KANNST DU ERNTEN: junge Blätter und Blütenenden, das ganze Kraut sozusagen

DAS KANN ICH BESONDERS GUT: Wie mein Name schon sagt, wirke ich positiv auf deine Lunge und Atemwege. Als Tee bin ich bei Kehlkopfentzündung, Reizhusten und Bronchitis hilfreich. Dazu kannst du zwei Teelöffel frisches oder getrocknetes Kraut mit einer Tasse heißem Wasser übergießen, sieben Minuten ziehen lassen und dreimal täglich trinken.

MEINE GEHEIME SUPERPOWER: Ich habe einen hohen Gehalt an Kieselsäure, das stärkt dein Lungengewebe.

SO KANNST DU MICH VERWENDEN: Ich werde gerne als Tee getrunken, aber du darfst mich auch in deinen Hustenhonig geben, frische Blätter und Blüten roh essen oder ins Essen mischen.

WAS DU UNBEDINGT NOCH WISSEN SOLLTEST: Besonders an mir ist, dass ich gleichzeitig in verschiedenen Farben blühe, in Rosa und in Blau. Daher kommt vermutlich auch der Spitzname Hänsel und Gretel. Dafür gibt es aber eine ganz einfache und logische Erklärung: Die rosa Blüten wurden noch nicht von den Bienen bestäubt, die blauen schon. Eine Flüssigkeit in meinen Zellen, man nennt sie auch Zellsaft, verändert sich nach dem Bienenbesuch und somit auch die Farbe.

MEIN LEBENSMOTTO: Husten ade – Abschied tut nicht weh!

Mein wildes Fundstück:

Gefunden am:

Fundort:

Wander-Hustenhonig

Lungenkraut ist einer der ersten Frühlingsboten, die du im Wald findest. Darum ist es das perfekte Kraut, um deinen Wander-Hustenhonig zu starten. Zusammen mit anderen Kräutern, die im Laufe des Jahres wachsen, lässt sich daraus ein toller Honig zubereiten, der bei jedem Spaziergang mehr wird. Wichtig ist, dass du die Pflanzen nach dem Waschen gut abtupfst und trocknen lässt. Das ist wichtig, weil der Honig sonst schlecht werden kann.

Du brauchst:

- Frische Lungenkrautblüten und -blätter, Veilchen, Gänseblümchen, Spitzwegerich, Fichtenwipferl, Quendel …
- 1 sauberes Schraubglas, etwa 0,5 Liter
- Gleiche Menge flüssigen Honig, gute Qualität

So wird's gemacht:

1. Starte mit dem Lungenkraut und sammle bei deinem nächsten Waldspaziergang ein paar schöne Blüten und junge Blätter. Achte darauf, dass sie sauber und gesund sind.
2. Schneide alles ganz klein und gib es in ein sauberes Schraubglas.
3. Nun füllst du so viel Honig hinzu, dass deine Kräuter gut bedeckt sind.
4. Bei deinen nächsten Spaziergängen wirst du das ganze Jahr weitere hustenwirksame Kräuterfreunde treffen. Du kannst sie jederzeit hinzufügen und immer wieder mit dem Honig bedecken. So wird dein Hustensaft mit der Zeit immer mehr.
5. Da sich der Honig nur schwer abseihen lässt, schneide alles wirklich klein, es wird dann bei Bedarf einfach mitgegessen.

Anwendung: Bei Husten und Heiserkeit einfach dreimal täglich einen Löffel Hustenhonig einnehmen.

Tipp: Für eine vegane Variante den Honig durch Ahornsirup ersetzen.

Blüten hämmern

An den Hammer, fertig, los.
So klopfst du schöne Blütenmuster auf Stoff.

Du brauchst:

- Lungenblüten und weitere Kräuter nach Wahl
- Hammer
- Holzbrett
- Stoffreste
- Stickrahmen

So wird's gemacht:

1. Richte dein Stoffstück auf einem Holzbrett so zurecht, wie du es bedrucken möchtest, und lege mit den verschiedenen Blüten dein Bild darauf.
2. Nun gibst du vorsichtig ein zweites Stück Stoff darüber und klopfst mit dem Hammer vorsichtig darauf. Durch den Druck färbt die Pflanzenfarbe den Stoff und hinterlässt das von dir vorbereitete Muster.
3. Wenn du fertig bist, lass einen Erwachsenen darüber bügeln.
4. Nun kannst du es in den Stickrahmen einspannen und schon hast du ein hübsches Bild.

Natürlich kannst du auch Stoffsackerl, T-Shirts und Ähnliches damit bedrucken. Leider lässt sich die Naturfarbe aber nicht hundertprozentig fixieren und wäscht sich nach der Zeit wieder aus ... Das ist also eher eine temporäre Freude auf Kleidungsstücken.

Schwarzer Holunder

MEIN NAME: Schwarzer Holunder

SPITZNAMEN: Hollerbusch, Holderbusch, Frau Holles Baum

MEINE ZAUBERFORMEL: Sambucus nigra

MEINE FAMILIE: Moschuskrautgewächs

MEINE BESTEN FREUNDE: Mit der Linde komme ich sehr gut aus – wenn wir zusammen verwendet werden, haben wir Superkräfte. Kulinarisch verbunden bin ich mit der Erdbeere ein Hochgenuss.

HIER FINDEST DU MICH IN DER REGEL: Ich bin sehr genügsam und mir gefällt jeder Boden, darum gedeihe ich auch an feuchten Waldrändern. Oft findest du mich in Gärten und Höfen, wo ich meist als Schutzbaum in der Nähe vom Eingang gepflanzt werde.

IN DIESER ZEIT WACHSE ICH BESONDERS GERN: Ich wachse ständig, meine Blütezeit ist von Mai bis Juli. Meine schwarzen Beeren schenke ich dir im August und September.

SO ERKENNST DU MICH: Ich trete als Baum oder Strauch in Erscheinung. Meine Rinde ist graubraun. Stell dir vor, ich kann bis zu sieben Meter hoch werden. Meine Blätter sind fünf- bis siebenteilig und gegenständig. Das einzelne Blatt ist länglich und am Rand gesägt. Meine Blüten sind cremeweiß und wachsen in an kleine Teller erinnernden Dolden. Mein Geruch ist besonders süß. Wenn die Blüten im Sommer verblühen, wachsen schwarze Beeren an ihrer Stelle, welche nach unten hängen.

DIESE TEILE VON MIR KANNST DU ERNTEN: Sehr beliebt sind meine weißen Blüten, du sammelst sie „doldenweise". Die Beeren werden geerntet, sobald sie richtig schwarz sind. Achtung, roh sind diese giftig. Aber keine Angst, nachdem du mich mindestens zehn Minuten gekocht hast, werde ich gut genießbar.

DAS KANN ICH BESONDERS GUT: Durch meine wertvollen Inhaltsstoffe wirke ich schweißtreibend. Das bedeutet, meine Blüten, in Kombination mit der meiner Freundin, der Linde, sind ein perfekter Fiebertee. Ich bringe dich richtig ins Schwitzen, sodass deine Temperatur wieder runtergeht. Meine Blüten sollten in keinem Erkältungstee fehlen, denn ich kann auch deinen Husten lindern. Außerdem soll ich auch vorbeugend dein Immunsystem stärken.

MEINE GEHEIME SUPERPOWER: Ich bin ein Schutz- und Lebensbaum, in mir lebt Frau Holle, die kennst du bestimmt, oder? Zusammen passen wir auf Menschen, Pflanzen und Tiere sowie dein Zuhause auf, darum wurde ich schon immer gerne vor Häusern und auf Höfen gepflanzt. Sicher ist sicher, so war und ist man immer noch der Meinung, bewahre ich vor Unheil und Blitzeinschlägen und lade gleichzeitig die guten Hausgeister ein. Behandle mich gut, ich werde es dir danken. Willst du mir die Äste schneiden, frage mich besser vorher um Erlaubnis, denn sonst bringe ich Unglück. Fällen solltest du mich lieber nicht ohne einen wirklich wichtigen Grund.

SO KANNST DU MICH VERWENDEN: Ich bin eine große Heilpflanze und zähle zur „Bauernapotheke". Sammle viele meiner Blüten und trockne sie, dann hast du stets guten Tee parat. Du kannst mich aber auch in Essig ansetzen oder Sirup aus mir herstellen. Die Blüten sind gebacken eine traditionelle Süßspeise, die zum Frühsommer gehört wie frische Erdbeeren. Meine Beeren stärken dein Immunsystem und haben eine gute Wirkung auf deinen Darm, wenn er mal beleidigt ist.

WAS DU UNBEDINGT NOCH WISSEN SOLLTEST: Meine Beeren sind leicht giftig und sorgen für Brechreiz und Wirbel im Bauch. Daher solltest du sie vor dem Verzehr unbedingt kochen. Ob in Kuchen, als Marmelade oder Saft, probiere es aus. Das schmeckt toll und hat nebenbei viele gesunde Vitamine.

MEIN LEBENSMOTTO: Aber Holla, die Waldfee!

Mein wildes Fundstück:

Gefunden am: ______________________________

Fundort: ______________________________

Holunderblütensirup

Ein Klassiker in jeder Küche ist der Holunderblütensirup. Er schmeckt herrlich frisch und ist ein richtig guter Durstlöscher, ob mit Sprudel oder Leitungswasser genossen. Serviere ihn am besten mit Blüteneiswürfel und einer Scheibe Zitrone. Das zischt!

Du brauchst:

- 2 Liter Wasser
- 1 Schüssel voll frischer, sauberer Holunderblütendolden
- 3 Bio-Zitronen
- 1,5 kg Zucker
- 2 Töpfe
- Sterile Flaschen zum Abfüllen

So wird's gemacht:

1. Koche das Wasser im Beisein eines Erwachsenen auf dem Herd auf.
2. Zupfe die Holunderblüten vorsichtig von den dicken Stängeln ab und gebe sie in einen leeren Topf hinein. Sortiere abgeblühte Teile aus.
3. Schneide die Zitronen in Scheiben und gib sie zu den Holunderblüten in den Topf.
4. Übergieße sie mit heißem Wasser und lasse alles 48 Stunden zugedeckt und kühl stehen. Rühre zwischendurch einmal täglich gut um, achte darauf, dass keine Teile übers Wasser stehen.
5. Nach dieser Zeit kannst du die Blüten und Zitronen abseihen, mit dem Zucker aufkochen und zehn Minuten kochen lassen. Bitte frage Mama, Papa oder einen anderen Erwachsenen um Hilfe.
6. Sobald der Zucker aufgelöst ist und der Sirup blubbert, kannst du ihn vorsichtig noch heiß in sterile Flaschen umfüllen.

Gut zu wissen: Den Holler sollte man nicht waschen, da der köstliche Blütenstaub sonst auch verschwindet.

Haltbarkeit: mindestens sechs Monate

Lippenbalsam

Für weiche Lippen kannst du dir ganz einfach mit Holunderblüten einen tollen Pflegestift machen.

ACHTUNG: heiß!

Du brauchst:

für 8 Stifte

- 25 ml Kokosöl
- 20 ml Mandelöl
- 1 Holunderdolde
- 10 g Bienenwachs
- 3 Tropfen ätherisches Orangenöl
- 1 Kochtopf fürs Wasserbad
- 1 feuerfestes Gefäß
- 1 Teefilter
- Lippenpflegestift-Hülsen oder verschraubbare Döschen

So wird's gemacht:

1. Fülle den Kochtopf mit etwas Wasser und koche es am Herd auf. Sobald es blubbert, drehe die Temperatur auf Stufe 1 oder 2.
2. Gib Kokos- und Mandelöl in das feuerfeste Gefäß und stelle es in das warme Wasserbad.
3. Sobald alles flüssig ist, gibst du die abgezupften Holunderblüten dazu und lässt das Ganze mindestens eine Stunde ausziehen. Je länger du es ziehen lässt, desto intensiver wird es.
4. Danach seihst du die Blüten mithilfe eines Teefilters ab und stellst das Öl wieder zurück ins warme Wasserbad.
5. Jetzt kommt das Bienenwachs hinein, dazu bitte das Wasserbad noch mal etwas aufkochen.
6. Wenn alles flüssig ist, das Ganze so lange rühren, bis die Temperatur etwas abkühlt, die Masse aber noch nicht fest wird. Jetzt darfst du das ätherische Öl hinzugeben und die Masse in die Hülsen oder Döschen abfüllen.

Verschließe deine Hülsen oder Döschen erst, wenn alles fest geworden ist.

Haltbarkeit: mindestens sechs Monate

Veilchen

MEIN NAME: Veilchen

SPITZNAMEN: Märzveilchen, Duftveilchen

MEINE ZAUBERFORMEL: Viola odorata

MEINE FAMILIE: Veilchengewächse

MEINE BESTEN FREUNDE: das Hundsveilchen, eine nahe Verwandte

HIER FINDEST DU MICH IN DER REGEL: Ich lasse mich vor allen Dingen am Waldrand blicken. Doch auch in Hecken kann ich mich manchmal verstecken. Du kannst mich aber schon von Weitem riechen, mein zarter Duft verbreitet sich rasch.

IN DIESER ZEIT WACHSE ICH BESONDERS GERN: Ich bin eine Frühlingsbotin und wachse je nach Region bereits im März und April.

SO ERKENNST DU MICH: An meinen violetten zarten Blüten, die richtig gut duften. Ich werde zwischen 8 und 15 Zentimeter hoch, meine Blätter sind herzförmig und dunkelgrün. Mein Stiel ist fein behaart.

DIESE TEILE VON MIR KANNST DU ERNTEN: Am beliebtesten sind vermutlich meine süßen Blüten, aber auch meine Blätter lassen sich verwenden.

DAS KANN ICH BESONDERS GUT: Ich bin eine Hautschmeichlerin und werde gerne und oft in der Naturkosmetik verwendet. Auch in der Küche bin ich ein kleiner, feiner Star.

MEINE GEHEIME SUPERPOWER: Ich vermag es, zu reinigen und Schleim zu lösen. Ich unterstütze dich dabei, das Blut in deinem Körper wieder in Fluss zu bringen. Außerdem kann ich dir – als kalter Tee zubereitet – bei Husten, Erkältungen oder Verschleimung hilfreich sein. Ich sollte auch unbedingt in deinen Wander-Hustenhonig mit hinein (Rezept Seite 64).

SO KANNST DU MICH VERWENDEN: Da ich so ein zartes Pflanzerl bin, bin ich ein tolles Kinderkraut. Ich eigne mich gut als Beruhigungs- und Gute-Nacht-Tee. Meinen herrlichen Duft verliere ich zwar meist, wenn ich erhitzt werde, aber meine Wirkstoffe sind trotzdem da. Außerdem werde ich gern in der Naturkosmetik verwendet, für Haut oder Haare. Zart ausgekocht ergebe ich eine gute Narbensalbe. Um meinen Duft zu konservieren, kannst du Zucker oder Sirup aus mir machen. Sogar Kaiserin Sisi war ein großer Fan von mir. Sie liebte Eiscreme aus meinen Blüten.

WAS DU UNBEDINGT NOCH WISSEN SOLLTEST: Ich bin eine Orakelpflanze und es gibt viele mythische und magische Geschichten rund um mich. Vor allem für Landwirte habe ich schon seit jeher eine große Bedeutung. Man hat mir die Fähigkeit zugesprochen, die Ernte vorherzusehen. Blühe ich bereits am 19. März, ist eine frühe Ernte zu erwarten; blühe ich allerdings auch noch nach dem 8. Juni, ist mit verdorbener Ernte zu rechnen. In Frankreich gibt es den Brauch, mich über die Äcker zu streuen, um den Winter in die Flucht zu schlagen. Das macht man auch heutzutage noch.

MEIN LEBENSMOTTO: Rosen sind rot, Veilchen sind blau, ich bin toll, das weiß ich genau!

Mein wildes Fundstück:

Gefunden am: ______

Fundort: ______

Kaiserliches Veilcheneis

Den lieblichen Geruch festzuhalten, versuchten schon viele. Selbst Kaiserin Sisi war wie besessen von dem lieblichen Duft des Veilchens. Besonders gern naschte sie Veilcheneis, welches dadurch zu einer österreichischen Spezialität wurde. Rezepte findest du dazu viele, hier eine Version, wie wir es gerne machen.

Du brauchst:

- 2 Handvoll frische Veilchenblüten
- 3 EL Zucker
- 100 g Schlagsahne
- 100 g Joghurt
- Eis-Formen

So wird's gemacht:

1. Gib in jede Eis-Form ein paar Veilchenblüten zur Dekoration.
2. Nun mörserst du die restlichen frischen Blüten zusammen mit dem Zucker, so nimmt er das Aroma gut auf und bekommt eine hübsche Farbe.
3. Schlage die Schlagsahne auf und füge langsam den Zucker hinzu.
4. Mische das Joghurt unter und gib die fertige Veilchencreme in deine Eisformen.
5. Nun stell das Ganze über Nacht in den Gefrierschrank und fertig ist die Leckerei.

Zarte Badepralinen

Diese kleinen Badezusätze sind nicht nur hübsch, sondern auch sehr sanft zu deiner Haut. Gönn dir einfach einen gemütlichen Wellnesstag und leg dich mit der erdbeerigen Gesichtsmaske von Seite 82 in das zarte Veilchenbad. Wenn du keine Badewanne hast, kannst du auch ein Wohlfühl-Fußbad damit machen oder sie verschenken.

ACHTUNG: heiß!

Du brauchst für 8 Stück:

- 20 g Kokosöl
- 10 g Mandelöl
- Getrocknete Veilchenblüten
- 60 g Kakaobutter
- 3 Tropfen ätherisches Lavendelöl
- 3 Tropfen ätherischen Orangenöl
- 1 Handvoll Veilchenblüten für den Auszug
- 1 Topf fürs Wasserbad
- 1 Feuerfestes Gefäß
- 1 Sieb
- Silikonformen für Eiswürfel

So wird's gemacht:

1. Fülle den Topf mit etwas Wasser und koche es am Herd auf. Sobald es blubbert, drehe die Temperatur auf Stufe 1 oder 2.
2. Gib das Kokos- und Mandelöl ins feuerfeste Gefäß und stelle es in das warme Wasserbad.
3. Sobald alles flüssig ist, gibst du die Veilchenblüten dazu und lässt das Ganze eine Stunde auf kleiner Flamme ausziehen. Danach seihst du die Veilchenblüten mithilfe eines Siebs ab.
4. Rühre die Kakaobutter in deine warme Veilchen-Öl-Mischung ein. Sie schmilzt bei 37 °C, sollte sie sich schlecht auflösen, kannst du das Wasserbad nochmals etwas erwärmen.
5. Lass es unter ständigem Rühren etwas abkühlen und gib die ätherischen Öle hinzu.
6. Gib ein paar getrocknete Blüten in die Eiswürfelformen und fülle langsam dein Öl hinein.
7. Nun stellst du alles für etwa 4–6 Stunden zum Aushärten in das Gefrierfach.
8. Rausdrücken und fertig! Du kannst deine Praline sofort verwenden.

Haltbarkeit: mindestens sechs Monate

Walderdbeere

MEIN NAME: Walderdbeere

SPITZNAME: Waldbeere

MEINE ZAUBERFORMEL: Fragaria vesca

MEINE FAMILIE: Rosengewächse

MEINE BESTEN FREUNDE: Ich komme mit allen gut aus, liegt daran, dass ich einfach süß bin.

HIER FINDEST DU MICH IN DER REGEL: Ich bin eine Bodendeckerin und mag durchlässige Böden sowie Sonnenstrahlen.

IN DIESER ZEIT WACHSE ICH BESONDERS GERN: Ich bedecke den Waldboden ab Mai. Zum Erblühen komme ich von Mai bis Juni. Meine Beeren kannst du im Juni und Juli ernten.

SO ERKENNST DU MICH: Ich wachse bodendeckend, meine Laubblätter sind langstielig und in drei Blätter gefiedert. Die Ränder sind sehr spitz, Fachleute sagen dazu „stachelig-gezahnt". Außerdem findest du viele feine Härchen auf meiner Blattober- und -unterseite sowie am Stiel. Die Blüten sind weiß und haben fünf Blütenblätter, die Beere ist rot, klein und nach unten hängend.

DIESE TEILE VON MIR KANNST DU ERNTEN: von Kopf bis Fuß, also Wurzel, Blatt und natürlich die Frucht

DAS KANN ICH BESONDERS GUT: Ähnlich wie die Brombeere helfe ich deinem Darm und wirke bei Durchfall. Volksheilkundlich ist auch überliefert, dass ich bei Halsschmerzen unterstützend wirken kann. Mach aus meinen Wurzeln und Blättern einen Tee zum Gurgeln.

MEINE GEHEIME SUPERPOWER: Gerne werde ich auch in der Naturkosmetik zur Reinigung der Haut verwendet. Das Rezept dazu findest du auch in diesem Buch.

SO KANNST DU MICH VERWENDEN: Meine Früchte sind zwar sehr klein, aber es lohnt sich, sie zu ernten, denn sie schmecken süß und lassen auch die Erwachsenen in Erinnerung wieder zu Kindern werden. In der Küche kannst du meine Beeren sehr gut verwenden, wenn du sie nicht bereits auf dem Weg dorthin aufgegessen hast. Am besten, du kombinierst mich mit Zitrone oder Melisse, das ergibt einen besonders feinen Geschmack.

WAS DU UNBEDINGT NOCH WISSEN SOLLTEST: Verwechsle mich nicht mit der Scheinerdbeere, davon gibt es richtig viele in unseren Lagen, da sie vor Jahren als Gartenpflanze aus Asien zu uns gelangt ist. Sie ist zwar nicht giftig, aber schmeckt nach nichts. Bei der Blüte ist der Unterschied ganz einfach, da meine Blüten weiß sind und die der Scheinerdbeere gelb. Bei der Frucht ist es eigentlich auch ganz einfach, meine Beeren hängen nach unten, wohingegen die der Scheinerdbeere nach oben schauen.

MEIN LEBENSMOTTO: Beeren machen Kinder froh und Erwachsene ebenso.

Mein wildes Fundstück:

Gefunden am: ____________________

Fundort: ____________________

Essbare Gesichtsmaske

Diese Gesichtsmaske möchtest du dir wahrscheinlich am liebsten von der Haut schlecken. Das kannst du auch bedenkenlos tun, denn bei diesem Rezept werden nur Lebensmittel verwendet. Das tut nicht nur der Haut gut, sondern auch der Seele.

Du brauchst:

- 2 Handvoll frische Walderdbeeren
- 1 EL Topfen
- 1 TL Honig

So wird's gemacht:

1. Wasche dir erst mal deine Hände und zerdrücke dann die Erdbeeren vorsichtig mit deinen Fingern in einer Schüssel.
2. Gib Topfen und Honig dazu und vermische alles mit einer Gabel.
3. Nun kannst du den „Erdbeer-Matsch“ auf dein Gesicht schmieren und eine Viertelstunde einwirken lassen.
4. Anschließend mit einem lauwarmen und feuchten Handtuch abwischen.

Beerenoxymel

Ich liebe Essig und mag es gern sauer. Seit ein paar Jahren bin ich großer Fan von Oxymel. Was das ist, fragst du dich jetzt? Oxymel hört sich ziemlich kompliziert an, dabei steht der Begriff lediglich für die zwei Hauptbestandteile dieses alten Heilmittels: Oxy bedeutet sauer und mel steht für Honig. Daher wird Oxymel auch Sauerhonig genannt. Es schmeckt herrlich und ist auch noch sehr gesund.

Du brauchst:

- 1 Teil hochwertigen Apfelessig, nicht pasteurisiert
- 3 Teile Honig vom Imker deines Vertrauens
- 1 Handvoll frische Walderdbeeren (funktioniert aber auch mit Brombeeren, Himbeeren, Heidelbeeren oder einer Kombination daraus)
- 1 Marmeladenglas, sauber und steril
- 28 Tage Geduld und Vorfreude

So wird's gemacht:

1. Gib die Beeren in das gut gereinigte und ausgekochte Marmeladenglas.
2. Befülle es bis zu etwa 1/4 mit dem unerhitzten Essig und mit 3/4 flüssigem Honig, die Beeren sollen gut bedeckt sein.
3. Verschließe das Glas anschließend und lass diese Mischung vier Wochen im Dunkeln stehen, vielleicht in einem Küchenkasterl.
4. Besuche dein Oxymel einmal am Tag, schüttele es leicht.
5. Die Beeren brauchst du eigentlich nicht abseihen, denn die schmecken herrlich.

Anwendung: Du kannst das Oxymel zum Marinieren für Salat, Fleisch oder Gemüse oder auch einfach nur als „Verdünnsaft" verwenden.

Haltbarkeit: mindestens ein Jahr

Waldmeister

MEIN NAME: Waldmeister

SPITZNAMEN: Herzensfreund, Waldmandl, Maikraut

MEINE ZAUBERFORMEL: Galium odoratum

MEINE FAMILIE: Rötegewächse

MEINE BESTEN FREUNDE: Ich bin recht gesellig, aber breite mich auch gerne aus. Daher brauche ich starke Freunde. In der Nähe von Immergrün und Buchen fühle ich mich sehr wohl.

HIER FINDEST DU MICH IN DER REGEL: Wie mein Name schon sagt, bin ich im Wald zu Hause. Mit Vorliebe wachse ich im Halbschatten oder sogar ganz im Schatten. Da findest du mich an Wegrändern, aber auch großflächig als grün-weiße Polster unter Bäumen.

IN DIESER ZEIT WACHSE ICH BESONDERS GERN: Ich bin ein Frühlingspflanzerl. Im Mai fange ich an, weiß zu blühen.

SO ERKENNST DU MICH: In sattem Grün wachse ich im Wald, meine Blätter sind länglich oval und schmal, sie wachsen gleichmäßig rund um den vierkantigen Stängel. Sie bilden mit ein bisschen Abstand kleine Kränze, die man auch Quirl nennt, in mehreren Etagen. Ein Quirl besteht aus sechs bis acht Blättern. Meine Blüten sind weiß und zart und haben vier Blütenblätter. Sie wachsen am Ende des Krauts in Scheindolden.

DIESE TEILE VON MIR KANNST DU ERNTEN: Für Tee- und Räuchermischungen lässt sich das blühende Kraut bis Juni sammeln. Für Säfte und Tee ist es besser, wenn du mich vor der Blüte erntest.

DAS KANN ICH BESONDERS GUT: Ich wirke beruhigend und schlaffördernd. Außerdem bin ich stark und habe positiven Einfluss auf deine inneren Organe, wie Leber, Herz und auch deine Verdauung. Verräuchert diene ich als alte Schutzpflanze für Haus und Garten.

MEINE GEHEIME SUPERPOWER: Meine Superpower ist mit ziemlicher Sicherheit mein Duft, den ich verströme, wenn ich leicht angetrocknet werde. Der Inhaltsstoff, den du da riechen kannst, heißt Cumarin und ist süß und lieblich. Man sagt, er öffnet die Herzen und streichelt die Seele. Ich bringe gute Laune und Frohsinn, darum hat man früher gerne die Räume mit mir dekoriert oder mich im Wäscheschrank versteckt. So sollte ich grantige Menschen wieder fröhlich machen.

SO KANNST DU MICH VERWENDEN: Wenn du mich räucherst, tauche ich den Raum in eine süße Umarmung und wirke beruhigend. Du kannst aus mir aber auch eine köstliche Mai-Bowle zaubern, trink bloß nicht zu viel davon, das schlägt sich mitunter auf den Kopf. Du kannst auch ein Sträußchen von mir auf dein Nachtkästchen legen, leicht angetrocknet sorge ich dann für gute Träume.

WAS DU UNBEDINGT NOCH WISSEN SOLLTEST: Mein Inhaltsstoff Cumarin ist nicht zu unterschätzen. Zwar schafft er eine liebliche Atmosphäre, er führt aber auch zu Kopfschmerzen, wenn man zu viel erwischt. Darum immer wohl dosieren.

MEIN LEBENSMOTTO: Ein Meister steht im Walde, ganz grün und süß!

Mein wildes Fundstück:

Gefunden am: ______

Fundort: ______

Traumpolster

Für süße Träume eignet sich ein selbst gemachter Traumpolster. Das ist nicht nur eine superschnelle Bastelei, sondern auch gleich ein tolles Mitbringsel für die nächste Einladung.

Du brauchst:

- 1 Handvoll getrockneten Waldmeister
- 1 Handvoll Zirbenspäne
- Ein paar Waldflechten
- Optional lassen sich auch getrocknete Kamillenblüten oder andere Kräuter, die du gut riechen kannst, dazugeben.
- 1 altes Stück Stoff, ca. 30 x 30 cm
- 1 schönes Band

So wird's gemacht:

Lege deine Kräuter in die Mitte des Stoffstückes und mach ein kleines Bündel daraus. Binde dieses gut und fest mit dem Band zu, sodass keine Kräuter herausfallen. So legst du es neben deinen Kopfpolster oder auf deinen Nachttisch.

Wer möchte, kann den Stoff davor auch noch mit Kräutern bedrucken. Wie das geht? Schau doch mal beim Lungenkraut auf S. 65 vorbei, da gibt es eine coole Bastelanleitung dazu.

Übrigens: Die Waldflechten wirken reinigend und haben einen positiven Einfluss auf das Raumklima. Es eignen sich Bartflechten, Baumflechten oder auch Isländisch Moos.

Walddudler

Erfrischend lieblich ist dieser Drink jedenfalls. Es gilt: Weniger ist mehr. Vor allem, wenn es um den Waldmeister geht. Wie du vielleicht schon gelesen hast, enthält der Waldmeister Cumarin.
Das ist ein wunderbarer Wirkstoff bei vorsichtiger Dosierung. Zu viel davon kann Kopfweh verursachen.

Du brauchst:

- 10 Stiele Waldmeister
- 1 Zitrone, unbehandelt
- 8 Fichtentriebe
- 0,5 Liter Apfelsaft
- 0,5 Liter Wasser

So wird's gemacht:

1. Sammle den Waldmeister vor der Blüte, denn dann schmeckt das Kraut frischer und feiner, da die Blätter voll in ihrer Kraft sind.
2. Mach daraus ein Sträußchen und lasse es ungefähr vier Stunden antrocknen. Das ist notwendig, damit das Cumarin sich entwickeln kann und der besondere Geschmack des Waldmeisters rauskommt.
3. Wenn der Waldmeister angetrocknet ist, gib ihn kopfüber in einen Krug, die Stiele sollen dabei noch herausschauen.
4. Schneide eine Zitrone in Scheiben und gib sie mit den Fichtenwipferln ebenso in das Gefäß.
5. Nun gieße den Krug mit Apfelsaft und Leitungswasser auf.
6. Lass den Walddudler eine halbe Stunde ziehen und seihe ihn danach mithilfe eines Siebs ab.

Beim Servieren wird der Walddudler noch 1:1 mit Mineralwasser aufgespritzt und kommt mit Eiswürfeln und einer Scheibe Zitrone in ein hübsches Glas. Cheers!

Wildrose

MEIN NAME: Wildrose

SPITZNAMEN: Heckenrose, Hundsrose, Hetschipetsch, Hagebutte

MEINE ZAUBERFORMEL: Rosa canina

MEINE FAMILIE: Rosengewächse

MEINE BESTEN FREUNDE: Marienkäfer

HIER FINDEST DU MICH IN DER REGEL: In Hecken und auf Lichtungen. Ich mag es sonnig und hell. Beim Boden bin ich nicht zimperlich, nur zu nasse Böden kann ich nicht leiden.

IN DIESER ZEIT WACHSE ICH BESONDERS GERN: Meine ersten Blüten öffne ich im Mai und tauche die Hecken den ganzen Sommer über in zartes bis sattes Rosa, blühe aber auch weiß. Meine Früchte, die Hagebutten, wachsen im Herbst an der Stelle, wo einst die Rosenblüte stand.

SO ERKENNST DU MICH: Ich bin eine Rose, ja. Ich habe Stacheln, keine Dornen und dufte, aber als Wildrose unterscheide ich mich dennoch ziemlich von einer schicken Edelrose. Meine Blüten sind beispielsweise eher flach und offen. Ich blühe in den Farben Weiß, Rosa oder Pink. Ich habe fünf Blütenblätter, jedes Blatt ist herzförmig. Ich wachse strauchförmig und bin eine perfekte Heckenpflanze. Meine vielen Stacheln sind kräftig und nach unten gekrümmt. Das ist ganz schön lästig, wenn du mir nahe kommst, da du daran leicht hängen bleiben kannst. Meine Blätter sind dunkelgrün und „unpaarig" gefiedert. Das bedeutet, dass am oberen Ende einer Blattspreite nur ein einzelnes Blatt ist. Eine Blattspreite ist die Gemeinschaft der einzelnen Blätter und besteht übrigens aus fünf bis sieben eiförmig gesägten Blättern. Meine Früchte, die Hagebutten, sind rot und eiförmig, sie werden in etwa zwei bis drei Zentimeter groß.

DIESE TEILE VON MIR KANNST DU ERNTEN: Du darfst sowohl meine Blütenblätter als auch meine Früchte, die Hagebutten, sammeln.

DAS KANN ICH BESONDERS GUT: Ich bin nicht nur hübsch anzuschauen, ich bin sanft und liebevoll zu Haut und Haar. Daher werde ich gerne in der Naturkosmetik verwendet, ob als Lippenbalsam, Badezusatz oder als warme Umschläge. Ich kann mit meinem feinen Duft belebend wirken.

MEINE GEHEIME SUPERPOWER: Ich bin vollgepumpt mit Vitamin C. 100 g Hagebutten enthalten sagenhafte 800 mg Vitamin C. Was das schon wieder heißen soll? Sagen wir mal so: Ich bin absolute Rekordhalterin, denn keine heimische Pflanze enthält mehr davon. Aus den Hagebutten kannst du Tee oder auch Pulver machen, so versorge ich dich in den kalten Monaten richtig gut mit Vitaminen. Da ich auch eine wasser- und schweißtreibende Wirkung habe, kann es sein, dass du nach dem Teegenuss öfter mal aufs Klo musst oder ins Schwitzen kommst.

SO KANNST DU MICH VERWENDEN: Du kannst mich nicht nur gut riechen, denn mein Duft ist betörend und ich bin fähig, Herzen zu berühren und Liebe zu verschenken. Du kannst mich auch gerne vernaschen, baue meine Blüten einfach in deine Speisen ein. Mach zum Beispiel einen Joghurt-Smoothie. Meine Früchte eignen sich super, um Marmelade herzustellen. Das ist zwar ehrlich gesagt richtig viel Arbeit, aber es lohnt sich!

WAS DU UNBEDINGT NOCH WISSEN SOLLTEST: Die Kerne in meinen Hagebutten haben viele sehr feine Härchen und sind echt kratzig. Sie lösen bei dem ein oder anderen einen Juckreiz aus, daher werde ich auch gerne als Juckpulver verwendet. Wenn du also meine Früchte naschen willst, solltest du die lästigen Härchen vorher unbedingt entfernen.

MEIN LEBENSMOTTO: Dornröschen ist nicht nur ein schönes Kind.

Mein wildes Fundstück:

Gefunden am: ______________________

Fundort: ______________________

Saure Rinse

Rosen sind eine großartige Pflege für deine Haare. Apfelessig gilt schon lange als Geheimtipp aus dem Haushaltsschrank und ein Allround-Genie. Er hilft bei juckender Kopfhaut und verleiht deinem Haar natürlichen, gesunden Glanz. Ich zeige dir, wie du dir die Essigessenz ganz einfach ansetzen kannst. Du kannst dir dann immer die Menge aus deiner Vorratsflasche nehmen, die du benötigst, und bei Anwendung mit Wasser vermischen.

Du brauchst:

- 3 Handvoll Rosenblüten
- 1 Handvoll Lavendelblüten
- 0,5 Liter Apfelessig
- 0,5-Liter-Vorratsglas

So wird's gemacht:

1. Gib die Rosen- und Lavendelblüten in das saubere Glas und gieße alles mit Apfelessig auf.
2. Verschließe nun das Glas gut und stell es auf eine Fensterbank. Dort darf es zwei Wochen ziehen.
3. Anschließend seihst du es durch einen Kaffeefilter ab und füllst den Essig in eine Flasche.

Anwendung: Für die Anwendung verdünne den Essig 1:10 mit Wasser oder Hydrolat. Wasche deine Haare mit Shampoo und verwende das Essig-Blüten-Wasser als Spülung. Gieße es hierfür über deine Haare und lass es ein paar Minuten einwirken. Danach einfach lauwarm auswaschen und fertig.

Achtung, das riecht anfangs etwas gewöhnungsbedürftig, der Essiggeruch verflüchtigt sich aber noch während des Waschens und deine Haare werden danach glänzend und weich.

Pssst: Die Essigessenz ist auch ein toller Körperspray. Gemischt mit Wasser oder Hydrolat in ein Sprühfläschchen geben und auf die Haut sprühen, das wirkt pflegend.
Wenn du Lust hast, dann kannst du den Rosenessig auch über deinen Salat kippen.

Haltbarkeit: unverdünnt mindestens ein Jahr

Hagebuttentee

Eine sehr leckere und schnelle Vitaminbombe für kalte Wintertage, aber auch als erfrischender Eistee im Sommer ein Hit.
Übrigens: Der selbst gemachte Hagebuttentee ist nicht immer so rot wie der aus den gekauften Teesäckchen. Der Grund hierfür ist, dass bei den Tees aus dem Handel manchmal noch rot färbende Blüten hineingemischt werden. Er schmeckt aber trotzdem köstlich.

Du brauchst:

- 2 TL getrocknete Hagebutten, zerkleinert
- 1 Tasse kaltes Wasser

So wird's gemacht:

1. Gib die Hagebutten mit dem kalten Wasser in einen Topf und koche das Ganze auf. Lasse den Tee zehn Minuten ziehen.

Falls dir ein klassischer Tee-Aufguss lieber ist, ist das natürlich auch möglich. Allerdings empfiehlt es sich, den Tee insgesamt 15 Minuten ziehen zu lassen.

Achte darauf, dass du deinen Tee durch ein Sieb abseihst, damit keine lästigen und kratzigen Härchen in deinem Teewasser bleiben.

Für einen Eistee alles abkühlen lassen und mit Eiswürfeln und Zitronenscheiben servieren.

Schatzsuche

Bist du schon mal durch den Wald spaziert und hast ganz genau geschaut, was es da so zu entdecken gibt?
Ich finde ja, unsere Natur ist wohl die größte Schatzkiste, die wir uns vorstellen können. Lass uns heute gemeinsam in den Wald auf Schatzsuche gehen, bastle dir dazu deine eigene Schatzkiste.
Dazu findest du auf der rechten Seite eine Vorlage, die du dir kopieren oder über den Link www.servus.com/waldfreunde-schatzsuche oder untenstehenden QR-Code herunterladen und ausdrucken kannst.

Du brauchst:

- 1 leeren Zehner-Eierkarton
- Druckvorlage von Seite 97
- 1 Schere
- 1 Klebestick

Schneide die Vorlage „Schatzkiste" zurecht und klebe die Teile mit den verschiedenen Kategorien auf den Innendeckel.

Nun bist du bereit – ab in den Wald und schau, was du findest.
Lege deine Schätze in das passende Fach des Eierkartons.
Zu Hause kannst du das ein oder andere Fundstück ja vielleicht auf deinen Naturaltar legen.

Dein Schatzkisterl kannst du immer wieder neu verwenden.

Kategorien für die Vorlage

Eine Blüte	Ein Blatt	Ein Stein	Etwas Grünes	Etwas Braunes
Ein Zapfen	Eine Frucht	Moos	Etwas aus Holz	Etwas Rundes

Begegnungen am Waldesrand

Falls dir auf deinen Streifzügen noch weitere Waldfreunde begegnen,
kannst du sie hier eintragen und beschreiben.

MEIN NAME: ____________________

SPITZNAMEN: ____________________

MEINE ZAUBERFORMEL: ____________________

MEINE FAMILIE: ____________________

FUNDDATUM UND FUNDORT: ____________________

MEIN NAME:

SPITZNAMEN:

MEINE ZAUBERFORMEL:

MEINE FAMILIE:

FUNDDATUM UND FUNDORT:

MEIN NAME:

SPITZNAMEN:

MEINE ZAUBERFORMEL:

MEINE FAMILIE:

FUNDDATUM UND FUNDORT:

MEIN NAME:

SPITZNAMEN:

MEINE ZAUBERFORMEL:

MEINE FAMILIE:

FUNDDATUM UND FUNDORT:

Bring Farbe ins Leben deiner Waldfreunde!

Schnapp dir deine Buntstifte und male die Bilder aus.
Weißt du noch, welche Farben die verschiedenen Pflanzen haben?

Verbinde, was zusammengehört!

Pst: Wenn du nicht weiterweißt, kannst du Blätter und Blüten mit den Steckbriefen deiner Kräuterfreunde abgleichen.

Was ist was?

Verbinde jedes Pflanzen-Porträt mit dem zugehörigen Namen.

Wildrose

Wald-Engelwurz

Waldmeister

Schwarzer Holunder

Lärche

Fichte

Walderdbeere
Veilchen
Brombeere
Haselnuss
Lungenkraut
Linde

Ein herzliches Dankeschön!

Erst mal möchte ich dir danken! Danke, dass du mein Buch in deinen Händen hältst und dich somit gemeinsam mit mir auf den Kräuterweg begibst. Das ist einfach unglaublich schön für mich.

Ein herzliches Dankeschön an all die wunderbaren Menschen, die mich auf meiner Schreibreise die letzten Jahre begleitet und auch bei diesem Projekt an mich geglaubt haben. Danke an meine großartige Familie, alle meine Kräuterfreund:innen und -mentor:innen in menschlicher Form, an alle meine lieben Freund:innen, und Wegbegleiter:innen – speziell an meine zwei Ullis –, an meine Leser:innen und auch an meine einzigartige Community auf Instagram.

Danke für eure Zeit, eure Geduld, den Mut, den ihr mir schenkt, die Motivation, wenn's mal nicht so gut klappt, das Zuhören, das Mitfiebern, das gemeinsame Ideensammeln und dafür, dass ihr Teil meines Lebens seid.

Vielen Dank auch an das Team, das aktiv an meinem dritten Buch mitgewirkt hat.
Danke, Christina, für deine zauberhaften Illustrationen der Kräuterfreunde aus dem Wald.
Ich liebe sie, und sie machen dieses Buch so besonders. Danke an Sophia Angerer und das Team vom Servus Verlag für die großartige Begleitung. Bei euch fühlen sich meine Bücher und ich zu Hause. Es macht irrsinnig viel Spaß, für einen Verlag zu schreiben, hinter dem
Menschen stehen, die deine Träume teilen und begleiten.

Das größte Dankeschön gilt meinen wunderbaren Kindern Annika und Emil, die meine größten Lehrer sind. Ihr seid wundervoll.

Danke an Mutter Erde für die vielen Schätze und Wunder, die es zu erforschen gibt.

Über die Autorin

Anja Fischer wurde 1980 in Graz geboren. Heute lebt die zweifache Mutter mit ihrer Familie im Salzburger Land, wo sie als diplomierte Kräuterfachfrau, freie Autorin und Content Creatorin arbeitet. Mehr dazu findest du auf: **www.gaensebluemchensonnenschein.com** und auf Instagram: **@itsme.anjafischer**

Ausbildungen

2014: TEH-Kräuterpraktikerin
2019–2021: FNL-Kräuterexpertin

Verwendete und weiterführende Bücher

- Die Kräuter in meinem Garten, Siegrid Hirsch & Felix Grünberger, Freya Verlag
- Praxis-Lehrbuch der modernen Heilpflanzenkunde, Ursel Bühring, Haug Verlag
- Schlag nach über Heilpflanzen, Ignaz Schlifni, Ennsthaler Verlag
- Die Natur-Apotheke, Karin Buchart & Miriam Wiegele, Servus Verlag

Impressum

Die Erläuterungen und Rezepturen in diesem Buch sind nach bestem Wissen und Gewissen verfasst. Anleitungen, Zubereitungen, Rezepte usw. ersetzen weder eine persönliche Beratung, Untersuchung oder Diagnose durch einen Arzt noch eine entsprechende Therapie. Die in diesem Buch erteilten Auskünfte und Inhalte dienen der allgemein unverbindlichen Unterstützung und Information des Lesers. Alle Anwendungen und Rezepte beruhen auf persönlichen Erfahrungen. Die Anwendung unterliegt der Eigenverantwortung jedes Einzelnen. Für Auswirkungen jeglicher Art, die durch unsachgemäße Handhabung verursacht werden, ist jedweder Haftungsanspruch gegenüber Autor/Verlag ausgeschlossen. Ebenso die Haftung des Autors für Personen-, Sach- und Vermögensschäden.

Gesetzt aus der Myriad Pro, Gunny Rewritten, Frente H1, Geffry-Script

Medieninhaber, Verleger und Herausgeber:
Red Bull Media House GmbH
Oberst-Lepperdinger-Straße 11–15
5071 Wals bei Salzburg, Österreich

Umschlag-, Innenteilgestaltung und Satz: Christina Wasenegger
Illustration: Christina Wasenegger
Fotos: Anja Fischer

Gedruckt von FINIDR in Tschechien

ISBN 978-3-7104-0360-6

FSC
www.fsc.org
MIX
Papier aus verantwortungsvollen Quellen
FSC® C014138